3차원 기억술

헌법 130조를 단번에 외우는 노하우!!

3차원 기억술

원 용 백 지음

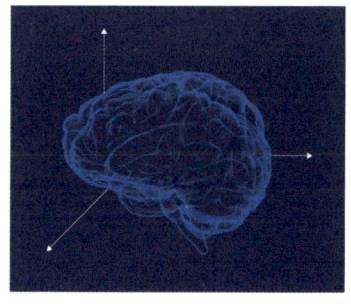

책만드는집

| 머리말 |

내가 기억법과 인연을 맺은 지 50년이 된다.

나는 1963년 3월에 장학생으로 선발되어 서울에서 생활하게 되었다. 시골에서 태어나 서울에 왔기 때문에 사고무친四顧無親, 서울에는 아는 사람 하나 없었다.

장학생으로 입학은 하였으나, 4년이 보장된 것도 아니고 최악의 경우에는 학업을 포기해야 할 수도 있었다. 4년을 장학생으로 살아남기 위해서는 어떻게 해야 하는지 궁리를 하던 차에 『기억법』이란 책을 만나게 되었다.

그 『기억법』에는 여정 기억법, 연상식 기억법과 함께 신라, 백제, 고구려 시절에 적국에 침투하여 첩자로서 보고 들은 것을 기억해내고 중요한 내용은 자기 피부에 칼로 상처를 내어서까지 기억해내는 감각도흔술感覺刀痕術 등이 소개되어 있었다.

나는 그 『기억법』을 읽고 천군만마를 얻은 것 같은 자신감을 갖게 되었고, 장학생으로서 4년간의 대학 생활을 만족스럽게 마칠 수 있었으며, 대학 생활에서 터득한 기억법과 시대의 흐름에 따라 새로 개발된 기억법을 활용하여 내 인생에서 좋은 결과를 거둘 수 있었다.

내가 일생을 통하여 활용하였던 기억법 중 가장 핵심적인 내용은 간략하게 정리하고 미진한 부분은 보완하여 3차원 기억술로 발전시켰다.

　이 3차원 기억술은 자신의 실력을 자신이 알게 해주고, 자신의 목표 도달 가능성을 스스로 확인할 수 있어 자신 있게 도전하게 해줄 것이며, 잘 익혀두면 일생을 통하여 활용할 비장의 무기가 되어줄 것이다.
　이 3차원 기억술을 잘 연마한다면 어떤 시험에서도 승자가 될 수 있으리라는 믿음이 있어 이 책을 발간하게 되었으니, 잘 활용하여 좋은 결실을 거두시기 바란다.

2013년 10월

저자　원용백

| 차례 |

머리말 • 4

제1장 3차원 기억술 소개 • 9
　　　　가. 3차원 기억술의 정의 • 9
　　　　나. 기억법 소개 • 9
　　　　다. 기억법을 활용한 3차원 공간 만들기 • 11
　　　　라. 기억술에 필요한 규칙 • 14
　　　　마. 용어 해설 • 15

제2장 3차원 기억술 활용 방법 • 16

제3장 3차원 기억술 적용사례 • 85

제1장 | 3차원 기억술 소개

가. 3차원 기억술의 정의

기억법으로 만든 3차원 공간에서 1,000개의 아파트를 만들고 이를 활용하여 기억을 저장하고 재생시키는 기술이다.

나. 기억법 소개

1) 여정 기억법

길을 가는 과정에서 특징이 있는 곳을 지정해서 연결해가는 기억법이다. 예를 들어 아파트를 지나서 산으로 간다면, 상점, 우체통, 마을버스 정류장, 쓰레기장, 삼차로, 무덤, 아카시아, 휴게소, 약수터 등이 지정되어 새로운 정보와 연결할 수 있는 기억법이다.

　△백묵 △단추 △지우개 △자전거 △빗(머리) △벽돌 △가위 △사전 △봉투를 외워야 한다면, 이 자체로는 순서대로 외우기가 어렵지만, 〔상점-백묵〕, 〔우체통-단추〕, 〔마을버스 정류장-지우개〕, 〔쓰레기장-

자전거], 〔삼차로-빗〕, 〔무덤-벽돌〕, 〔아카시아-가위〕, 〔휴게소-사전〕, 〔약수터-봉투〕와 같이 연결하여 기억하면 차례대로 기억하게 된다.

2) 연상식 기억법

연상이란 한 관념에 의하여 관계되는 다른 관념을 생각하게 되는 현상인데, 〔△빨강-사과〕, 〔△길다-기차〕, 〔△빠르다-비행기〕 등과 같이 하나를 주면 그와 비슷한 사물을 연상하면서 기억해가는 것으로 3차원 기억술에서 많은 부분을 차지한다.

3) 숫자의 문자로 전환 기억법

〔2424-이삿짐센터〕, 〔7788-철도청〕 등과 같이 쓰는 방법도 있고, 1, 2, 3, 4를 ㄱ, ㄴ, ㄷ, ㄹ로 바꿔서 사용하는 방법도 있다. 3차원 기억술의 초석(주춧돌)들은 모두 이 숫자의 문자로의 전환이다.

  예) 갈치 : 10, 개구리 : 11, 개나리 : 12

4) 숫자의 형상화법

 1 : 막대기   2 : 거위   3 : 독수리   4 : 돛배   5 : 갈퀴
 6 : 코끼리   7 : 뜀틀   8 : 땅콩   9 : 도끼   10 : 공

  3차원 기억술에서는 숫자를 문자로 전화하는 법과 숫자의 형상화법을 활용하여 3차원 공간을 만들어 사용한다.

다. 기억법을 활용한 3차원 공간 만들기

1) 숫자를 문자로 변환하여 초석(주춧돌)을 만들어 2차원 평면을 만든다.

	0(ㅊ)	1(ㄱ)	2(ㄴ)	3(ㄷ)	4(ㄹ)	5(ㅁ)	6(ㅂ)	7(ㅅ)	8(ㅇ)	9(ㅈ)
9(ㅈ)	주차장	장구	장님	장대	자라	장미	제비	주판	저울	정자
8(ㅇ)	유치원	아기	언니	완두	오리	양말	알밤	옥수수	위안화	유자
7(ㅅ)	상추	사과	성냥	서당	소라	신문	사발	사슴	사위	사자
6(ㅂ)	배추	바구니	배낭	바둑	보리	백마	백반	복숭아	북어	보자기
5(ㅁ)	멸치	메기탕	마늘	만두	머루	매미	마부	멍석	모이	목장
4(ㄹ)	런치	리그전	러닝	라디오	리라	레몬	럭비	레슬링	라일락	렌즈
3(ㄷ)	대추	당구	당나귀	더덕	다람쥐	도마	두부	도시락	대야	돼지
2(ㄴ)	난초	나그네	누나	늑대	노루	넝마	농부	낚시	노인	낙지
1(ㄱ)	갈치	개구리	개나리	고등어	가락지	가마	거북	고사리	강아지	가지
0(ㅊ)	참치	축구	청년	천당	초롱	천막	촛불	책상	추어탕	치자

2) 숫자를 형상화하여 주춧돌 위로 올리기 (10층)

5	갈퀴		10	공	
4	돛배		9	도끼	
3	독수리		8	땅콩	
2	거위		7	뜀틀	
1	막대기		6	코끼리	

※ 3차원으로 표현한 모형 틀

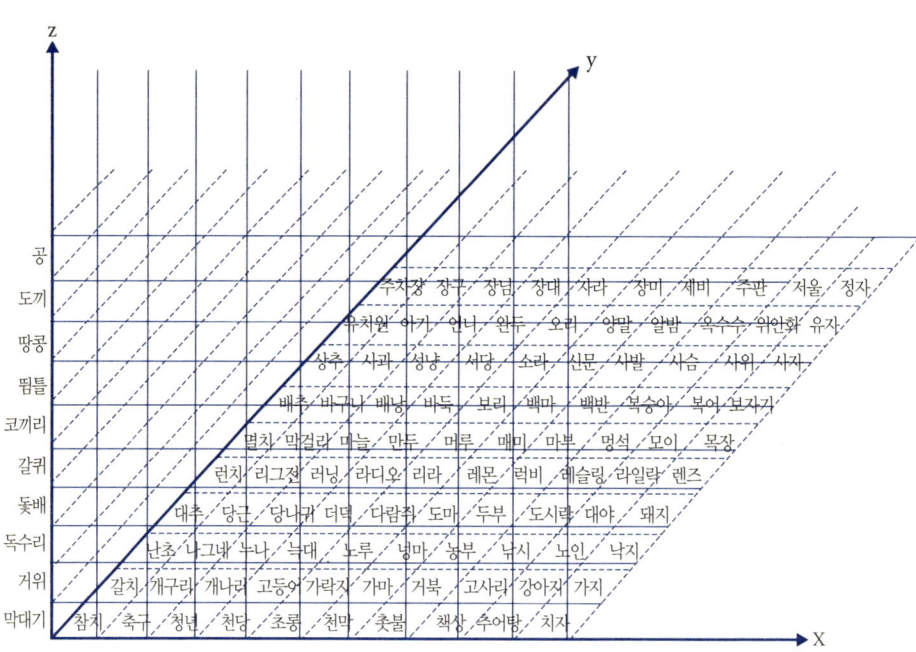

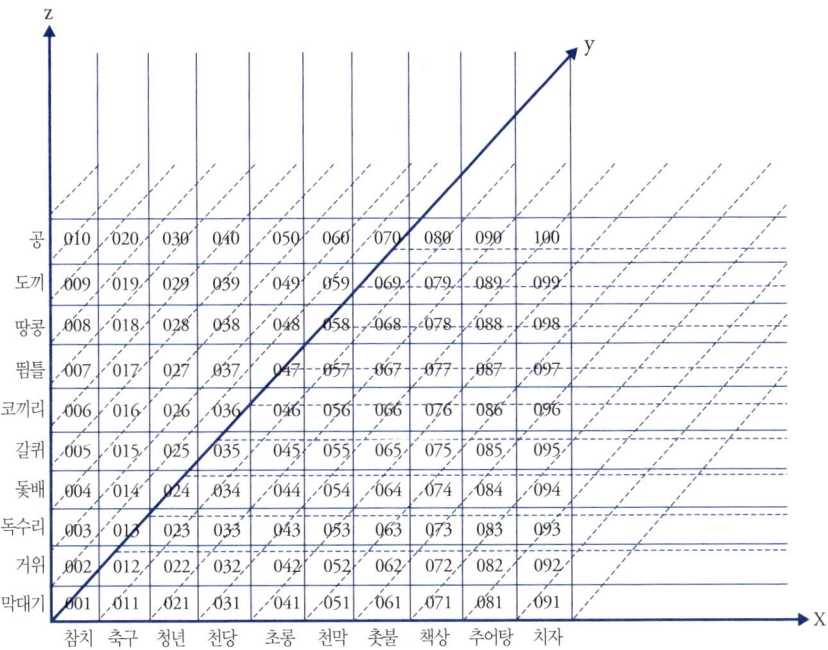

13

라. 기억술에 필요한 규칙

1) 의인화擬人化 : 여기서 사용하는 연상 작용은 전부 사람이 아닌 것을 사람처럼 다룬 것이다.

2) 나1)의 주춧돌과 나2)의 형상이 만나고 주어진 단어가 만나서 연상식 상을 만든다.

   예1) 〔참치-막대-height〕라면, 참치의 길이와 막대의 길이는 어느 쪽이 더 긴가? 하면서 height를 기억한다.

   예2) 〔축구-막대기-poet〕라면, 〔축구공-막대-시인〕이 만나 시인이 막대로 공을 치면서 시를 읊는 상상을 하고 poet를 기억한다.

   예3) 〔축구-거위-stage〕라면, 축구공을 거위가 stage로 몰고 가는 상상을 하면서 거위와 stage를 기억한다.

3) 초석을 따로따로 기억하면 매우 힘들기 때문에 〔참치-축구-청년〕, 〔천당-초롱-천막〕, 〔촛불-책상-추어탕-치자〕와 같이 3~4개씩 묶고 원칙과 함께 기억하면 쉽게 기억된다.

4) 추상적 명사는 구체적 상이 떠오르는 물건으로 대체하는 것이 좋다.
   예) 천당 → 천도복숭아, 렌즈 → 안경

5) X의 표시는 반대를 표시한다. 반대도 기억에 활용하면 좋다.(내용은 반대인데 배열상 어쩔 수 없는 경우)

6) 연상의 상상력은 제한된 공간이 아니고 다양한 상황에서 자기의 경험과 잘 기억이 되는 쪽으로 정리할 것.(뜀틀의 경우 물가의 다이빙틀, 학교의 뜀틀, 산에 세워진 운동기구 등)

7) 순서와 연결의 우선순위 : 순서에 집착하지 말고 연결의 의미가 더 중요하다. 의미가 있어야 기억이 된다.

마. 용어 해설 〈초석 단어 중 어려운 단어〉

◇ 추어탕 : 미꾸라지를 넣어 끓인 국.

◇ 치자 : 치자나무의 열매. 약용과 물감으로 쓴다.

◇ 넝마 : 입지 못하게 된 헌 옷 따위.

◇ 넝마주이 : 돌아다니며 내버린 넝마나 종이 따위를 주워 모으는 사람.

◇ 리라 : 이태리의 화폐단위.

◇ 라일락 : 쌍떡잎식물, 물푸레나뭇과 식물로 유럽에서 도입되었다. 꽃이 크고 향기가 진하다.

◇ 머루 : 포도과에 속한 낙엽 덩굴나무. 머루나무의 열매. 산포도.

◇ 위안화 : 중국의 화폐단위

◇ 완두 : 콩과에 속한 이년생 덩굴풀. 열매는 식용, 잎은 가축의 사료용.

◇ 자라 : 모양은 거북과 비슷하나 빛은 푸르죽죽한 회색.

제2장 | 3차원 기억술 활용 방법

　본 기억술은 1,000개의 아파트로 구성되어 있다. 1,000까지 다 익혀서 활용하려면 너무 많은 시간이 소요되어 싫증 나기 쉬우므로 빠른 시간 내에 효과를 보고자 한다면 다음의 방법을 추천한다. 하루에 20~40단어씩 기억해보고 한 일주일 연습한 뒤 확인해보고, 200개 단어를 완전히 기억할 수 있으면 제3장에 있는 헌법 130조를 적용해서 기억해본다. 자신감이 생기면 헌법 130조를 실습해서 자신의 실력 향상을 확인하고 진행하면 바람직할 것이다.

　200자, 400자, 500자를 완전히 기억한다면 거의 궤도에 오른 것이다. Part 1, Part 2, Part 3으로 해서 각각 다른 과목을 접목하여 진행하면서 자신의 기억력을 스스로 확인하고 자신감을 키워간다면 1,000까지 가는 데 어려움이 없을 것이다.

갈퀴	column [kάləm/kɔ́l-] 명 칼럼, 단, 기둥	create [kriéit] 동 창조하다, 만들다	puzzle [pʌzl] 명 수수께끼 동 당황하다
	해안에 갈퀴 간격을 두고, 참치를 널어놓았다.	갈퀴로 골대 앞에서 공을 골문으로 쳐 넣다.	청년이 갈퀴를 들고 생각에 잠겨 있다.
돛배	million [míljən] 명 백만 다수	explore [iksplɔ́:r] 동 탐험하다	traffic [trǽfik] 명 교통, 차
	배에 참치 백만 마리를 싣고 오다.	배에 축구공을 싣고 항해를 한다.	청년이 배에 타고 출발하려 한다.
독수리	quarter [kwɔ́:rtər] 명 4분의 1, 쿼터	amateur [ǽmətʃùər] 명 아마추어, 비전문가	religious [rilídʒəs] 형 종교적인, 신앙심이 깊은
	독수리가 참치를 먹는 용량은 거위의 1/4이다.	독수리가 축구공을 콕콕 쪼아본다.	청년이 독수리를 절로 데리고 간다.
거위	average [ǽvəridʒ] 명 평균 형 평균의	stage [steidʒ] 명 무대, 단계	communication [kəmjù:nəkéiʃən] 명 전달, 통신
	거위가 참치를 먹는 평균 용량은?	거위가 축구공을 무대 위로 몰고 간다.	청년과 거위가 말로 통하다.
막대기	height [hait] 명 높이, 고도	poet [póuit] 명 시인	habit [hǽbit] 명 습관, 버릇
	참치와 막대기, 어느 쪽이 키가 클까?	축구공을 막대기로 두드리며 시를 읊다.	청년이 막대로 신발(바지)을 두드린다. (습관)
	참치	축구	청년

공	mile [mail] 명 마일, 먼 거리	culture [kʌltʃər] 명 문화, 교양	tradition [trədíʃən] 명 전통, 관습
	참치 어장에 띄워놓은 공은 몇 마일이나 가야 보일까?	배구공, 축구공, 야구공이 정렬되어 있다. 운동 좋아 하는 문화의 표시이다.	청년들이 공 차는 시합을 하는 것은 전통이다.
도끼	row [rou] 명 줄, 열 동 배를 젓다	composer [kəmpóuzər] 명 작곡가	custom [kʌstəm] 명 관습, 습관
	도끼로 참치를 회 뜨듯이 열을 지어 자르다.	축구공 위에 도끼로 흠집을 낸다.(오선, 악보용)	청년이 도끼로 장작을 패는 것은 오래된 관습이다.
땅콩	elder [éldər] 형 손위의, 연상의	theater [θíːətər] 명 극장	superstition [sùːpərstíʃən] 명 미신
	참치와 땅콩, 단백질의 질은 어느 쪽이 나올까?	극장에서 축구 경기를 관람하면서 땅콩을 먹다.	청년이 땅콩을 먹으면 죽는다는 미신이 있다.
뜀틀	distance [dístəns] 명 거리, 간격	adventure [ædvéntʃər/əd-] 명 모험	riddle [rídl] 명 수수께끼
	뜀틀에서 참치를 말릴 때 간격은 얼마로 할까?	축구공이 뜀틀 위에 올려져 있다. 곧 떨어질 것같이 위험해 보인다.	청년이 뜀틀에서 성공적으로 뛰어내릴지 수수께끼다.
코끼리	department [dipáːrtmənt] 명 부(부서), 부문, 과	competent [kámpətənt/kɔ́m-] 형 유능한, 충분한	pilgrim [pílgrim] 명 순례자
	참치를 만 마리씩 한 묶음으로 묶다.	코끼리가 축구공으로 재주를 부린다.(코로) 참석자들이 동전을 던진다.	청년이 코끼리를 타고 순례 여행을 떠난다.
	참치	축구	청년

갈퀴	monument [mánjumənt] 명 기념비, 기념물	universe [júːnəvəːrs] 명 우주, 전 세계	bear [bɛər] 동 참다, 낳다 명 곰
	갈퀴로 복숭아를 담아 기념물에 올려놓다.	갈퀴에 초롱을 달고 크게 X 자를 그리고 있다. 세계를 향하여…….	갈퀴를 천막 위에 올려놓았다. 천막이 참고 있다.
돛배	remain [riméin] 동 남다, 여전히~대로 이다 명 유적	settler [sétlər] 명 이주민, 정착민	mankind [mænkáind] 명 인류, 인간
	배로 유적을 찾아가서 복숭아를 올리다.	돛배에 초롱을 들고 이주민을 싣고 있다.	돛배에 천막을 치고 냇가를 항해했던 것은 인류의 시작부터였다.
독수리	grave [greiv] 형 중대한, 위대한 명 무덤	foreign [fɔ́ːran/fɑ́r-] 형 외국의	hero [híarou] 명 영웅, 주인공
	독수리가 복숭아를 무덤 위로 가져간다.	독수리가 초롱을 들고 외국인을 맞고 있다.	독수리가 천막 위에 올라 있다. 영웅이다.
거위	remind [rimáind] 동 생각나게 하다	slave [sleiv] 명 노예	popular [pápjulər] 형 인기 있는, 유행의
	거위가 복숭아 맛을 생각하다.	거위가 초롱을 들고 노예가 오는 것을 맞고 있다.	거위가 천막 옆을 거닐고 있다. 꽤 인기가 있다.
막대기	mind [maind] 명 마음, 정신 동 걱정하다	private [práivet] 형 개인의, 사적인	insect [ínsekt] 명 곤충
	막대기로 복숭아를 따려 한다.	막대로 초롱을 들고 밤에 간다. 개인적인 일이다.	천막 위에 붙어 있는 곤충을 막대로 치다.
	천당(복숭아)	초롱	천막

공	international [intərnǽʃənəl] 형 국제적인, 세계적인	planet [plǽnit] 명 행성	feather [féðər] 명 깃털
	공 위에 천도복숭아를 올려 놓으니, 세계적인 작품이다.	공 옆에 초롱을 놓다. 공은 태양이고, 초롱은 행성이다.	공 위에 얇은 깃털로 짜인 천막이 올려져 있다.
도끼	folk [fouk] 명 사람들, 가족 형 민족의	century [séntʃəri] 명 세기, 100년	ancestor [ǽnsestər] 명 조상, 선조
	도끼로 복숭아를 깎아 사람들에게 나눠준다.	도끼날에 초롱을 올려놓은 것이 전등으로 바뀌는 데 1세기가 걸렸다.	천막 안에 도끼와 뼛조각이 같이 있다. 뼈=선조.
땅콩	museum [mju:zí:əm] 명 박물관, 미술관	social [sóuʃəl] 형 사회의, 사회적인	modern [mádərn] 형 현대의
	땅콩과 복숭아를 박물관에 진열하다.	땅콩밭에 초롱을 켜고 막걸리(사회를 대표하는) 를 마신다.	땅콩밭에 최신형 천막이 쳐 있다.
뜀틀	spirit [spírit] 명 정신	solar [sóulər] 형 태양의	population [pàpjuléiʃən] 명 인구
	뜀틀 위에 복숭아를 올려 놓고 정신교육을 하고 있다. 잘하면 복숭아, 못하면 기합.	뜀틀 위에 초롱을 얹어 (태양의 빛이 없을 때만) 사용한다.	뜀틀 밑에 여러 개의 천막이 널려 있다. 사람 수가 많다.
코끼리	gallery [gǽləri] 명 화랑, 미술관	public [pʌblik] 형 공공의, 공중의	mammal [mǽməl] 명 포유동물
	코끼리 등에 천도복숭아가 올려져 있는 그림이 미술관에 걸려 있다.	코끼리가 초롱 행렬을 끌고 간다.(4월 초팔일)	천막 옆에 코끼리 새끼들이 같이 있다.
	천당(복숭아)	초롱	천막

갈퀴	stem [stem] 명 줄기 갈퀴 자루에 촛불을 대다, (막대와 비교) 막대-가지, 갈퀴 자루-줄기.	greeting [gríːtiŋ] 명 인사, 축하 책상 위에 갈퀴가 올려 있다. 서로를 보며 인사하다.	parade [pəréid] 명 행렬, 퍼레이드 갈퀴로 추어탕 면을 긁으니 퍼레이드가 생긴다.
돛배	horizon [həráizn] 명 지평선, 수평선 돛배에서 촛불을 켜니 빛이 지평선으로 퍼져 나간다. (특수 빛을 띤 것으로 상상)	favorite [féivərit] 형 아주 좋아하는 명 마음에 드는 것 돛배 위에 책상이 있다. 서로 (돛배와 책상) 호의적이다.	celebrate [séləbrèit] 동 축하하다, 찬양하다 배 위에서 추어탕을 먹으며 다 같이 축하하다.
독수리	prairie [préəri] 명 대초원 독수리가 촛불을 들고 대초원으로 간다.	beauty [bjúːti] 명 미인, 아름다움 독수리가 책상 위에서 자태를 뽐내다.	bless [bles] 동 축복하다 (X) 독수리 입으로 추어탕을 먹기 거북하다. 축복하지 않다.
거위	bush [buʃ] 명 숲, 수풀, 덤불 거위가 촛불을 들고 숲으로 가다.	interest [íntərəst/-tərèst] 명 흥미, 관심 동 흥미를 끌다 거위가 책상을 쿡쿡 쪼아 본다. 관심이 있다.	feast [fiːst] 명 축제, 향연 거위는 축제나 되어야 추어탕 맛을 본다.
막대기	branch [bræntʃ] 명 나뭇가지, 지점 촛불에 막대를 대다, 막대는 가지이다.	relative [rélətiv] 명 친척 형 상대적인 책상 위에 막대기가 있다. 막대기와 책상은 기능이 다르다. 상대적이다.	hobby [hábi/hɔ́bi] 명 취미 막대로 추어탕을 휘젓는 취미가 있다.
	촛불	책상	추어탕

공	flood [flʌd] 명 홍수 동 넘쳐흐르다	delight [diláit] 명 기쁨, 즐거움 동 기쁘게 하다 (X)	flight [flait] 명 비행
	촛불의 농이 흘러 공 위에 떨어지다.(홍수 예언)	공이 책상 위에 있다. 즐겁지 않다. 공은 땅에 있어야 즐거운데…….	추어탕 통 위로 작은 공이 날아다니다.
도끼	petal [pétəl] 명 꽃잎	intimate [íntəmet] 형 친밀한	float [flout] 동 떠오르다, 떠다니다
	도끼 위에 촛불이 켜 있고, 꽃잎이 같이 있다.	책상 위에 도끼가 올려 있다. 도끼날과 책상이 입맞춤을 하네.	추어탕 위에 소도끼(플라스틱)가 떠다니다.
땅콩	pollution [pəlúːʃən] 명 오염	appetite [ǽpetàit] 명 식욕	voyage [vɔ́iidʒ] 명 항해
	촛불로 땅콩을 비춰보니, 흙이 묻어 있다.(오염)	책상 위에 땅콩이 있네. 식욕이 생긴다.	추어탕 위에 땅콩이 떠다니다.
뜀틀	climate [kláimit] 명 기후, 풍토	pal [pæl] 명 친구	ceremony [sérəmòuni/-məni] 명 식, 의식
	뜀틀 위의 촛불이 바람에 꺼질 것 같다.	뜀틀에서는 뛰고, 책상에서는 기록하고, 짝꿍이네.	뜀틀을 성공하면 추어탕을 먹는다. 기도를 하고 성공을 빌다.
코끼리	continent [kántənənt] 명 대륙	delicious [dilíʃəs] 형 맛있는	heaven [hévən] 명 천국, 하늘
	코끼리 깃털이 촛불에 타다 대륙으로 뛰어가다. (뜨거워서)	코끼리가 책상 위의 음식을 맛있게 마신다.	코끼리가 추어탕을 보고 좋아서 하늘로 코를 올리다.
	촛불	책상	추어탕

갈퀴	deserve [dizə́:rv] 동 맡을 가치가 있다, ~할 만하다 갈퀴로 치자를 모아 왔다. 가치 있는 일을 했군.	amount [əmáunt] 명 액수, 총계 동 ~이 되다 갈퀴에 갈치를 많이 들고 있다. 총량이 100이다.	object [ábdʒikt/ɔ́b-] 명 사물, 목적 동 반대하다 갈퀴에 개구리(목적물)가 올라 있다.
돛배	marble [mɑ́:rbl] 명 대리석 돛배 위에 대리석을 싣고 그 위에 치자를 올린다.	wealth [welθ] 명 재산, 부 배에 갈치를 많이 싣다. 재산이다.	discuss [diskʌs] 동 토론하다 배 안에서 개구리가 개굴개굴 울고 있다.(토론하다)
독수리	carve [kɑ:rv] 동 새기다, 조각하다 독수리가 부리로 치자를 조각하고 있다.	valuable [vǽlju:əbl/-ljuəbl] 형 귀중한, 가치 있는 독수리도 갈치를 밟아보고 가치 있는 생물이라고 생각한다.	contrary [kántreri/kɔ́ntrə-] 명 반대 형 반대의 독수리는 반대로 개구리를 쪼아본다.
거위	noble [nóubl] 형 고귀한, 고상한 거위 입가에 치자를 칠하니 노랗고 고상하다.	precious [préʃəs] 형 귀중한 거위가 갈치 위를 밟다. 귀중한 생물이군.	dialogue [dáiəlɔ̀:g/-làg/-lɔ̀g] 명 대화 거위가 개구리와 대화하다.
막대기	tool [tu:l] 명 도구, 연장 막대는 치자 따는 도구이다.	worth [wə:rθ] 명 가치 막대로 갈치를 두드리니 탄력이 있다. 가치가 있는 생물이다.	angle [ǽŋgl] 명 각도, 관점 개구리를 어느 각도에서 칠까?
	치자	갈치	개구리

공	sculpture [skʌlptʃər] 명 조각	fare [fɛər] 명 임금	language [læŋgwidʒ] 명 언어
	치자로 깎은 조각이 공 위에 올려져 있다.	공 위에 갈치가 있다. 공에게 임금을 줘야 한다.	개구리가 공 위에서 사전을 들고 있다.
도끼	statue [stǽtʃu:] 명 상, 조각상	charge [tʃɑ:rdʒ] 명 대가, 책임 동 청구하다	opinion [əpínjən] 명 견해
	도끼로 치자를 깎아서 상을 만들다.	도끼로 갈치를 잘라놓다. 대가를 청구하다.	개구리 다리가 도끼에 깔렸다. 아프겠죠? (견해 물음)
땅콩	jewel [dʒú:əl] 명 보석	waste [weist] 명 낭비, 쓰레기 동 낭비하다	subject [sʌbdʒikt] 명 주제, 주어
	땅콩 옆에 치자를 놓으니 보석같이 빛나네.	땅콩밭에 갈치가 버려져 있다.	땅콩밭에 오니 개구리가 주인이다.
뜀틀	instrument [ínstrəmənt] 명 기구, 악기	wrap [ræp] 동 싸다, 포장하다	mention [ménʃən] 동 말하다
	뜀틀 밑에 악기, 악기 위에 치자가 있다.	갈치를 랩으로 싸서 뜀틀 위에 얹어놓다.	개구리가 뜀틀에 와서야 말하겠군, 뛰는 데는 도사이니…….
코끼리	treasure [tréʒər] 명 보물	expensive [ikspénsiv] 형 값비싼	view [vju:] 명 경치, 의견
	치자 보퉁이를 코끼리 등에 실었다. 보물이다.	코끼리 몸통에 갈치를 둘러 띠를 묶다.	개구리가 코끼리 등 위에 올라 경치를 관망하다.
	치자	갈치	개구리

갈퀴	balance [bǽləns] 명 균형 동 균형 잡다	design [dizáin] 명 계획 동 계획하다, 디자인하다	electric [iléktrik] 명 전기
	갈퀴에 균형 있게 개나리꽃을 꽂아 꽃다발을 만들다.	고등어를 잡을 수 있는 갈퀴를 디자인한다.	갈퀴 위에 가락지를 얹으니 전기가 온다. 불빛이 튄다.
돛배	attend [əténd] 동 참석하다, 출석하다	project [prádʒekt] 명 기획 동 기획하다	metal [métl] 명 금속
	배에 개나리 다발을 실었다. (다발 수=참가 수)	배에 고등어를 가득 실어 올 어장에 출동할 기획을 세운다.	돛배 위에 가락지가 널려 있다. 금속이다.
독수리	drag [dræg] 동 끌다, 질질 끌다	elementary [èləméntəri] 형 초보의, 기초의	obtain [əbtéin] 동 얻다
	독수리가 개나리 다발을 끌고 오다.	독수리도 입으로 고등어를 잡아 오는 것은 기초이다.	독수리 목에 가락지를 걸었다. 얻다.
거위	bend [bend] 동 구부리다	primary [práimeri/-məri] 형 주요한, 기초의, 최초의	direction [dirékʃən/dai-] 명 방향, 지시, 지휘
	거위가 개나리꽃을 뜯기 위해 고개를 구부리다.	거위가 입으로 고등어를 잡아 오는 것은 기초이다.	거위가 가락지를 물고 가다 가락지 방향을 지시한다.
막대기	accept [æksépt] 동 받아들이다	base [beis] 명 기초, 토대 동 기초를 두다	invent [invént] 동 발명하다
	막대가 개나리꽃들을 받아들여 꽃다발을 만들다.	막대기로 고등어를 때려 잡는 것은 기초이다.	막대를 말아서 가락지를 만든다. (발명)
	개나리	고등어	가락지

	개나리	고등어	가락지
공	compulsory [kəmpʌ́lsəri] 형 의무적인, 필수적인	order [ɔ́ːrdər] 명 순서, 질서, 명령, 주문 동 명령하다	system [sístəm] 명 조직, 체계, 제도
	공 위에는 개나리 꽃다발을 의무적으로 올려놓아야 한다.	공 위에 고등어를 올려라.	공을 가락지로 감싸다.
도끼	follow [fάlou/fɔ́lou] 동 따르다, 따라가다	source [sɔːrs] 명 출처, 근원	hydrogen [háidrədʒən] 명 수소
	도끼로 개나리 나무를 베었으니 개나리꽃이 따라 나오긴 힘들겠지?	도끼로 고등어 머리를 자르다, 머리는 근원.	도끼 위에 가락지를 얹으니 김이 난다.
땅콩	attract [ətrǽkt] 동 끌다	resource [ríːsɔːrs/rizɔ́ːs] 명 자원	produce [prədjúːs] 동 생산하다
	땅콩밭에서 개나리가 인기를 끌다.	땅콩과 고등어를 자원으로 해서 통조림을 만들어보자.	땅콩 사이에 가락지를 끼우다.(둘로 가르다)
뜀틀	review [rivjúː] 명 복습, 재검토 동 복습하다, 재검토하다	describe [diskráib] 동 묘사하다	atom [ǽtəm] 명 원자
	뜀틀에서 개나리꽃을 머리에 꽂고 두 번 세 번 뛰어내리다.	고등어를 뜀틀에 부어서 움직이는 모양을 묘사하다.	뜀틀에 가락지가 걸려 있다. 원자 모양으로.
코끼리	depend [dipénd] 동 의존하다, 달려 있다	foundation [faundéiʃən] 명 기초, 근거, 설립	complete [kəmplíːt] 동 완성하다, 끝내다 형 완전한
	코끼리 등 위에 개나리가 실려 있다. 개나리는 코끼리 등에 의존하다.	코끼리에 고등어를 섞어서 먹일 기본 사료를 만들 계획을 수립할 것.	코끼리 다리에 가락지를 끼우다. 완료하다.

갈퀴	purpose [pə́ːrpəs] 명 목적, 용도	effect [ifékt] 명 결과, 영향, 효과	independent [indipéndənt] 형 독립의, 독립심이 강한
	갈퀴도 가마가 목적지에 도착할 때까지 경계하라.	거북이 등을 갈퀴로 긁어봐야 소용이 없다.	고사리를 갈퀴 위에 얹어놓다. 독립된 공간이다.
돛배	method [méθəd] 명 방법	series [síəriːz] 명 연속, 시리즈	license [láisəns] 명 허가, 면허
	배에 가마를 싣는 방법을 연구해보라.	거북이가 연속적으로 배에 뛰어든다.	고사리를 배에 싣고 나가려면 면허증이 있어야 한다. (배 위에 면허증 사본)
독수리	problem [prάbləm/prɔ́b-] 명 문제	effort [éfərt] 명 노력	halt [hɔːlt] 명 정지 동 멈추다
	독수리는 이번 가마 행사에 문제가 없는지 정찰해볼 것이다.	독수리가 거북이를 격려한다. 더 열심히 노력하라고.	독수리가 발로 고사리를 밟고 있다.
거위	event [ivént] 명 사건, 행사	exercise [éksərsàiz] 명 운동, 연습 동 연습하다	replace [riplέis] 동 제자리에 놓다, ~을 대신하다
	거위가 이번 행사(가마 행렬)에는 앞장서서 나간다.	거위가 같이 거북이를 따라간다.	거위가 고사리를 물어서 옮기다.
막대기	information [infərméiʃən] 명 정보, 지식	practice [prǽktis] 명 연습, 실행 동 연습하다, 실행하다	exchange [ikstʃéindʒ] 명 교환 동 교환하다, 바꾸다
	가마가 목적지까지 가는 데 필요한 정보를 막대기에 적는다.	막대로 거북이 등을 친다. 출발(실행)한다.	막대기로 고사리를 뒤집다.
	가마	거북	고사리

공	solution [səlúːʃən] 명 해결, 용액 가마 위에 공을 올려놓는 해법을 준비할 것.	prepare [pripéər] 동 준비하다 공과 거북이의 경주를 준비하다.	pretend [priténd] 동 ~인 체하다 고사리 위에 공이 있고 공이 잘난 체하다.
도끼	cause [kɔːz] 명 원인, 이유 동 야기하다, 일으키다 도끼로 가마 사고의 원인을 제거하려고 노력한다.	proverb [právəːrb/próv-] 명 속담, 격언 도끼로 거북이 등을 깨뜨려 죽여서는 안 된다는 속담이 있다.(흉사가 있다)	steady [stédi] 형 확고한, 한결같은 도끼 위에 고사리를 말린다. (확고한) (firm과 연결)
땅콩	accident [æksidənt] 명 사고, 우연 땅콩밭 근처에서 사고 대비책을 단단히 준비한다.	repeat [ripíːt] 동 반복하다 땅콩밭에서 기어가다 뒤집어지기를 반복하면서 가다.	liberty [líbərti] 명 자유 땅콩밭에 고사리가 자유롭게 자라고 있다.
뜀틀	powder [páudər] 명 가루, 분말, 화약 뜀틀 주변에서 폭약을 터뜨리면 사고가 날 수 있으니 미리 준비한다.	prove [pruːv] 동 증명되다, 판명되다 뜀틀에서 뛰어내려서 등판이 깨지지 않음을 증명하라.	firm [fəːrm] 형 굳은, 견고한 견고한 뜀틀에 고사리를 걸어 말리다.
코끼리	affair [əféər] 명 사건, 일 코끼리가 가마를 끄는 대사건이라고 구경꾼이 모여든다.	serious [síəriəs] 형 진지한, 중대한 코끼리와 거북이가 서로 진지한 모습으로 보고 있다.	pause [pɔːz] 명 중지, 중단 동 멈추다 코끼리 다리로 고사리를 밟다.
	가마	거북	고사리

갈퀴	relay [ríːlei] 명 교대 동 교대하다 갈퀴로 강아지를 집어서 교대하다.	admiral [ǽdmərəl] 명 제독, 해군 대장 갈퀴에 담은 가지는 해군 제독 식사에 쓴다.	revolution [rèvəlúːʃən] 명 혁명 난초 나라는 갈퀴로 후려쳐서 혁명을 한다.
돛배	introduce [ìntrədjúːs] 동 소개하다, 도입하다 배에서 강아지들을 소개하다.	navy [néivi] 명 해군 가지를 배에 싣는 데 해군의 힘이 필요하다.	government [gʌ́vərnmənt] 명 정부 배가 난초 나라의 정부 역할을 한다.
독수리	collect [kəlékt] 동 모으다, 수집하다 독수리가 강아지들을 모으다.	special [spéʃəl] 형 특별한 독수리는 가지를 특별한 때만 먹는다.	president [prézədənt] 명 대통령 독수리가 난초 나라의 대통령이다.
거위	select [silékt] 동 고르다, 선발하다 거위가 강아지를 고르다.	general [dʒénərəl] 명 육군 대장 형 일반적인 거위는 가지를 일반적으로 잘 먹는다.	secretary [sékrətèri/-təri] 명 비서, 장관 거위가 난초 나라의 장관이다.
막대기	activity [æktívəti] 명 활동 강아지를 막대기로 때리다.	straight [streit] 형 똑바른 부 똑바로 막대와 가지가 똑바로 붙어 있다.	oath [ouθ] 명 맹세, 선서 막대를 집고 난초 앞에서 선서하다.
	강아지	가지	난초

	강아지	가지	난초
공	clap [klæp] ⑧ 손뼉 치다 강아지가 공 위에 올라갔다. 박수 치다.	normal [nɔ́ːrməl] ⑲ 정상의, 보통의 공과 가지를 합하면 정상적인 10자가 된다.	nation [néiʃən] ⑲ 국가 난초 나라에서는 공이 국가를 상징한다.
도끼	except [iksépt] ⑧ 제외하다 강아지와 도끼는 관계가 없다. 제외하다.	fair [fɛər] ⑲ 공평한, 공명정대한, 아름다운 가지를 도끼로 공평하게 잘라야 한다.	judge [dʒʌdʒ] ⑲ 재판관 난초 나라에서는 도끼가 재판관이다.
땅콩	include [inklúːd] ⑧ 포함하다 강아지 먹이에 땅콩을 포함시키다.	promise [prɑ́mis/prɔ́m-] ⑲ 약속, 전망 ⑧ 약속하다 땅콩밭에서 가지도 키우기로 약속하다.	election [ilékʃən] ⑲ 선거 난초 나라에서는 땅콩밭에서 선거한다.
뜀틀	hesitate [hézətèit] ⑧ 망설이다, 주저하다 강아지가 뜀틀에서 뛰어내리기를 주저하다.	appointment [əpɔ́intmənt] ⑲ 약속, 임명 가지를 뜀틀의 수문장으로 임명하다.	democracy [dimɑ́krəsi/-mɔ́k-] ⑲ 민주주의 뜀틀에서 자유롭게 뛰어노는 것이 민주주의다.
코끼리	behave [bihéiv] ⑧ 행동하다 코끼리가 강아지와 같이 놀다.	regular [régjulər] ⑲ 규칙적인 코끼리는 가지를 규칙적으로 먹는다.	republic [ripʌ́blik] ⑲ 공화국 난초 나라에서 코끼리는 공화국이다.

갈퀴	between [bitwíːn] 전 ~사이에 나그네 보퉁이를 갈퀴 사이에 놓다.	pray [prei] 동 빌다, 기도하다 갈퀴 위에서 기도하다.	grade [greid] 명 등급, 성적, 학년, 계급 갈퀴로 늑대의 등급을 가리다.
돛배	guard [gɑːrd] 동 지키다 명 경계, 경비원 나그네가 배에 타니 경계가 철저하다.	shower [ʃáuər] 명 소나기, 샤워 누나가 배에서 샤워를 하다.	co-education [kòuedʒəkéiʃən] 명 남녀공학 남학생, 여학생이 같은 배를 타고 소풍을 간다. (늑대 학교)
독수리	care [kɛər] 명 걱정, 조심 독수리가 나그네를 걱정해준다.	shout [ʃaut] 동 외치다, 큰 소리로 말하다 독수리도 소리를 지르며 누나를 쫓아간다.	principal [prínsəpəl] 명 교장, 단체의 장 형 주요한 늑대가 독수리를 교장에 임명하다.
거위	protect [prətékt] 동 보호하다 거위가 나그네를 보호하다.	howl [haul] 명 짖는 소리 동 짖다, 울부짖다 거위가 소리 내어 울다가 누나를 쫓아간다.	kindergarten [kíndərgàːrtn] 명 유치원 늑대가 거위를 유치원으로 보낸다.
막대기	feed [fiːd] 동 기르다, 먹을 것을 주다 막대를 들고 나그네가 왔으니 동냥을 주어야겠다.	refuse [rifjúːz] 동 거절하다, 거부하다 막대기로 때려서 쫓아내다. (침입자)	education [èdʒukéiʃən] 명 교육 막대기는 늑대 교육에 필수품이다.
	나그네	누나	늑대

공	calm [kɑːm] 형 고요한, 침착한	stupid [stjúːpid] 형 어리석은	scholar [skάlər/skɔ́le] 명 학자
	공 옆에 보퉁이를 놓으니 고요하다.	어리석은 누나에겐 공도 도움이 되지 않는다.	늑대도 공을 다루는 학자가 될 수 있다.
도끼	abuse [əbjúːz] 동 남용하다, 학대하다	silly [síli] 형 어리석은	adult [ədʌ́lt/ǽdʌlt] 명 어른 형 어른의
	도끼로 보퉁이를 찢으며 학대하다.	어리석은 누나에겐 도끼는 도움이 되지 않는다.	늑대가 어른이 되면 도끼로 잡아야지.
땅콩	advice [ædváis/əd-] 명 충고	whisper [hwíspər] 명 속삭임 동 속삭이다	sophomore [sάfəmɔ̀ːr/sɔ́f-] 명 2학년생
	땅콩밭에서 보퉁이에 땅콩을 몇 알 넣어주며 충고해준다.	누나가 땅콩밭에서 속삭인다.	늑대가 땅콩을 먹고 자라 2학년이 되었다.
뜀틀	treat [triːt] 동 대접하다, 다루다	voice [vɔis] 명 목소리	degree [digríː] 명 도, 학위
	뜀틀에서 나그네 보퉁이를 던져버리는 대접을 받다.	누나가 뜀틀 위에서 뛰어내리라고 스피커로 말한다.	뜀틀에서 늑대의 뛰는 실력을 평가해본다.
코끼리	comfort [kʌ́mfərt] 명 위안, 위로	declare [dikléər] 동 공언하다, 선언하다, 분명히 말하다	graduate [grǽdʒuət] 동 졸업하다
	코끼리가 나그네를 위로해준다.	누나가 코끼리 위에서 선언하다.	늑대가 왔으니 코끼리는 졸업한다.
	나그네	누나	늑대

갈퀴	triumph [tráiəmf] 명 승리, 업적	track [træk] 명 지나간 자국, 선로	surface [sə́:rfis] 명 표면 형 표면의
	갈퀴 위에 노루를 그린 삼각기를 달다. (승자의 표식)	갈퀴로 넝마를 주우니 자국이 난다.	농부가 갈퀴로 흙 표면을 긁는다.
돛배	contest [kántest/kɔ́n-] 명 경쟁, 대회	rear [riər] 명 뒤쪽 형 후방의 동 양육하다	vacation [veikéiʃən/və-] 명 휴가, 방학
	배 안에서 노루 새끼들을 경쟁하게 하다.	넝마주이에 도움이 되지 않으니 배는 후방으로 보내라.	농부가 배를 타고 휴가를 간다.
독수리	battle [bǽtl] 명 전투, 싸움	area [ɛ́əriə] 명 지역	valley [vǽli] 명 골짜기, 계곡
	노루가 독수리와 싸움을 하다.	독수리가 넝마 주울 지역은 이곳이다.	농부가 독수리를 계곡으로 보낸다.
거위	merchant [mə́:rtʃənt] 명 상인	section [sékʃən] 명 구역, 부분	suburb [sʌ́bə:rb] 명 교외
	노루가 거위를 상인에게 데리고 가다. (팔려고)	거위가 넝마를 주울 부분이 이 구역이다.	농부가 거위를 교외로 데리고 나간다.
막대기	struggle [strʌ́gl] 동 싸우다, 투쟁하다	locate [lóukeit] 동 위치하다	edge [edʒ] 명 가장자리, 날
	막대로 노루와 싸우다.	넝마 줍는 장소에 막대를 꽂다.	농부가 막대를 농장의 가장자리에 꽂았다.
	노루	넝마	농부

공	semester [siméstər] 명 학기	entire [intáiər] 형 전체의	envelope [énvəlòup] 명 봉투
	노루도 1학기는 공을 공부해야 한다.	넝마주이 농장에서 공을 이용할 공간은 전체에 해당한다.	농부의 공에는 봉투를 붙여서 표시한다.
도끼	biology [baiálədʒi/-ól-] 명 생물학	situation [sìtʃuéiʃən] 명 상황, 위치	journey [dʒə́:rni] 명 여행
	노루가 가진 도낏자루에 이끼가 끼었다.	넝마주이 농장에서는 상황에 따라 도끼를 사용한다.	농부는 여행을 갈 때도 도끼를 가지고 간다.
땅콩	athlete [ǽθli:t] 명 운동선수	site [sait] 명 부지, 위치	memory [méməri] 명 기억, 추억
	노루가 땅콩밭을 이용하여 운동선수가 되다.	넝마주이 농장에서 땅콩을 재배할 부지는 저곳이다.	농부는 땅콩의 재배 상황을 매년 기록한다.
띔틀	score [skɔ:r] 명 득점	address [ədrés] 명 주소, 연설	experience [ikspíəriəns] 명 경험
	노루의 띔뛰기 실력은 어느 정도 나오는가?	넝마주이는 집이 없어서 농장의 띔틀을 주소로 사용한다.	농부의 농장에 있는 띔틀은 경험이 중요하다.
코끼리	competition [kàmpətíʃən/kɔ̀m-] 명 경쟁	spot [spɑt/spɔt] 명 장소, 반점 형 즉석의	surround [səráund] 동 둘러싸다
	노루와 코끼리가 만나 머리를 맞대고 경쟁하다.	코끼리가 넝마를 주울 장소는 이곳이다.	농부의 농장을 코끼리들로 둘러싸라.
	노루	넝마	농부

갈퀴	gesture [dʒéstʃər] 명 몸짓, 손짓	stripe [straip] 명 줄무늬	burden [bə́ːrdn] 명 무거운 짐, 부담 동 짐을 지우다
	낚시터에서는 갈퀴를 세우고 깃발을 단다.	노인이 갈퀴로 긁으니 줄무늬가 생긴다.	갈퀴에 낙지가 실려 있다. 갈퀴에 짐을 지우다.
돛배	excellent [éksələnt] 형 우수한, 뛰어난	junior [dʒúːnjər] 명 후배, 연소자 형 손아래의	import [impɔ́ːrt] 명 수입 동 수입하다
	낚시터에는 성능이 뛰어난 배들이 있다.	노인이 아이들을 배에 싣고 간다.	배로 낙지를 수입해 오다.
독수리	charming [tʃɑ́ːrmiŋ] 형 매력적인	stare [stɛər] 동 응시하다, 빤히 보다	limit [límit] 명 제한, 한계
	독수리도 낚시터에 오니 매력적이다.	노인이 독수리를 어떻게 길들일까 하고 응시한다.	독수리는 양이 적어서 낙지를 먹는 데 한계가 있다.
거위	smart [smɑːrt] 형 산뜻한, 영리한, 멋진	harvest [hɑ́ːrvist] 동 수확하다	supply [səplái] 동 공급하다
	거위가 낚시터에 오니 스마트해진다.	노인이 거위 알을 수확하다.	거위가 낙지를 먹어치우다.
막대기	diligent [dílədʒənt] 형 부지런한	symbol [símbəl] 명 상징	comparison [kəmpǽrisn] 명 비교
	막대를 먼저 박으려면 부지런해야 한다. (낚시터 자리 잡기)	지팡이는 노인의 상징.	막대 길이가 긴지 낙지 다리가 긴지 비교해보자.
	낚시	노인	낙지

공	fresh [freʃ] 형 새로운, 신선한	honor [ánər/ɔ́n-] 명 명예, 경의 동 존경하다	borrow [bárou] 동 빌리다, 차용하다
	낚시터에 오니 새 공이 선보인다.	노인이 공을 보니 영광의 날들이 떠오른다. 흰머리를 공 위에 올려놓다.	낙지를 팔아서 공을 사 왔으니 이제는 빌리지 않는다.
도끼	senior [síːnjər] 명 선배, 연장자 형 손위의	gaze [geiz] 동 응시하다, 바라보다	debt [det] 명 빚, 은혜
	낚시터에서는 도끼를 선배에게 양보해야 한다.	노인이 도끼를 바라보니 힘들었던 시절이 생각난다.	도끼로 낙지 다리를 끊어 팔아서 빚을 갚는다.
땅콩	grab [græb] 동 움켜잡다	occur [əkə́ːr] 동 일어나다, 생각이 떠오르다	damage [dǽmidʒ] 명 손해, 손상
	낚시터에서는 땅콩을 움켜잡아야 한다.	노인이 땅콩을 보니 옛날 서리했던 생각이 떠오른다.	낙지가 잘 팔리니 땅콩이 팔리지 않는다. 손해 본다.
뜀틀	chance [tʃæns/tʃɑːns] 명 기회, 가능성	glory [glɔ́ːri] 명 영광	deal [diːl] 명 거래 동 거래하다, 다루다, 분배하다
	낚시터 뜀틀에는 손님이 많아서 기회가 쉽지 않다.	노인이 뜀틀에서 옛날의 영광을 회상한다.	뜀틀에 낙지를 걸어놓고 사고팔다.
코끼리	mild [maild] 형 온화한	respect [rispékt] 명 존경 동 존경하다	sigh [sai] 명 한숨 동 한숨 쉬다
	낚시터에 오니 코끼리가 온순해졌다.	코끼리는 노인을 좋아하고 존경한다.	코끼리 등에 낙지를 실었다. 보물만 싣고 다니는데 낙지를 실으니, 한심하다.
	낚시	노인	낙지

갈퀴	leak [li:k] 동 새다, 새어 나오다 대추 보퉁이를 갈퀴로 찢으니 대추가 새어 나온다.	chase [tʃeis] 동 추적하다 공이 튀어나가 갈퀴가 추적하다.	sword [sɔ:rd] 명 칼, 검 갈퀴로 당나귀 등을 긁어준 곳에 검을 꽂다.
돛배	empty [émpti] 형 텅 빈 동 비우다 배에 대추를 싣기 위해 비워놓았다.	mystery [místəri] 명 신비, 불가사의, 추리 배 안에 당구대가 들어와 당구를 치는 모습은 참으로 신기하다.	dangerous [déindʒərəs] 형 위험한 당나귀가 배에 오르니 배가 기우뚱거린다.
독수리	decrease [dí:kri:s] 명 감소 동 감소하다 독수리가 대추를 먹어버려 수확량이 감소했다.	error [érər] 명 잘못, 과오 독수리가 부리로 당구공을 정통으로 찍어야 하는데 빗나가서 튀었다.	control [kəntróul] 명 통제, 지배 동 통제하다, 지배하다 독수리가 당나귀 등에 타고 통제하다.
거위	increase [inkrí:s] 명 증가 동 증가하다 거위는 대추를 주워 모으니 증가한다.	sniff [snif] 동 냄새 맡다 거위가 혀를 내밀고 당구공을 핥고 코로 킁킁거린다.	survive [sərváiv] 동 살아남다 거위가 당나귀와 싸워서 살아남는 길은 도망치는 것이다.
막대기	crack [kræk] 명 갈라진 금 동 금 가다 막대로 대추를 치니 금이 가고 깨지다.	clue [klu:] 명 단서, 실마리 당구 큐로 당구공을 밀었다는 단서가 있다.	rein [rein] 명 고삐 동 제어하다 막대로 고삐를 만들어 당나귀를 제어하다
	대추	당구	당나귀

공	slip [slip] 동 미끄러지다	arrest [ərést] 명 체포 동 체포하다	dirty [də́:rti] 형 더러운 동 더럽히다
	공 위에 대추를 올려놓으니 미끄러진다.	배구공 위에 당구공을 얹고 테이프로 붙이다.	당나귀 발로 공을 밟고 있어 공이 더럽혀졌다.
도끼	cleave [kli:v] 동 쪼개다, 쪼개지다	overhear [òuvərhíər] 동 엿듣다	ruin [rú:in] 명 파멸, 폐허, 화근 동 파멸시키다
	도끼로 대추를 쪼개다.	당구공의 마음의 소리를 듣고자 당구공을 도끼로 깨뜨리다.	도끼로 당나귀를 잡다
땅콩	owe [ou] 동 힘입다, 빚지다	detective [ditéktiv] 명 탐정 형 탐정의	greedy [grí:di] 형 탐욕스러운
	대추가 오니 땅콩이 잘 팔린다. 공생 관계인가 보다.	당구공을 찾는 일을 탐정에게 맡기다. (땅콩 판 돈으로)	당나귀가 땅콩을 탐욕스럽게 먹어치우고 있다.
뜀틀	slide [slaid] 동 미끄러지다	fault [fɔ:lt] 명 결점, 잘못	drown [draun] 동 물에 빠져 죽다, 빠뜨리다
	뜀틀에 대추가 미끄러진다.	뜀틀에 당구공을 올려놓는 데 실패하다.	당나귀가 뜀틀에서 뛰어내리다 물속에 빠졌다.
코끼리	hollow [hálou/hól-] 명 움푹 들어간 곳 형 속이 빈	search [sə:rtʃ] 동 찾다 명 수색	crazy [kréizi] 형 미친, 열광적인
	대추 넣을 자리인데 코끼리가 들어가 있다.	코끼리가 당구공을 찾아다니다.	코끼리와 당나귀가 미친 듯이 싸운다.
	대추	**당구**	**당나귀**

갈퀴	rid [rid] 동 제거하다 배에 있는 더덕을 갈퀴로 빼내다.	bother [báðər/bɔ́ð-] 동 괴롭히다, 신경 쓰다 갈퀴로 다람쥐를 잡아 와서 놀리다.	stress [stres] 명 압박, 강세 동 강조하다 갈퀴로 도마 위를 긁다. 도마는 압박을 받다.
돛배	crash [kræʃ] 명 충돌, 추락 동 충돌하다, 박살 나다 배에 삼태기로 더덕을 날라 와 배에 퍼붓다.	boring [bɔ́:riŋ] 형 지루한, 따분한 다람쥐가 배 안에서 따분해 하고 있다.(맘대로 돌아 다니는 동물이 갇혀 있다)	square [skwɛər] 명 정사각형, 광장 형 네모의 배 바닥에 사각형의 도마가 있다.
독수리	match [mætʃ] 명 시합, 어울리는 것 동 ~에 어울리다 독수리들이 더덕 캐기 시합을 하다.	scratch [skrætʃ] 동 할퀴다, 긁다 독수리가 발가락 사이의 다람쥐를 할퀴고 있다.	press [pres] 동 누르다, 밀다 독수리가 발로 도마를 누르다.
거위	remove [rimú:v] 동 옮기다, 제거하다 거위가 입으로 더덕을 옮기다.	nod [nɑd/nɔd] 명 끄덕임 동 끄덕이다, 꾸벅꾸벅 졸다 거위가 졸고 있는 다람쥐를 부리로 툭 치다.	sentence [séntəns] 명 문장 거위가 도마를 찍으니 문장이 된다.(가, 나, 다)
막대기	beat [bi:t] 동 때리다, 이기다 막대기로 더덕을 치다.	scream [skri:m] 동 날카롭게 소리 지르다 막대기로 다람쥐를 치니 소리를 지르며 달아난다.	pronunciation [prənʌnsiéiʃən] 명 발음 막대로 도마를 때리다. 소리가 나다.(발음하다)
	더덕	다람쥐	도마

공	harmful [háːrmfəl] 형 해로운	suffer [sʌfər] 동 겪다, 괴로워하다	huge [hjuːdʒ] 형 거대한
	공 위에 몸에 해로운 더덕 진이 많이 묻어 있다.	다람쥐가 공 위에 올라가니 공이 다람쥐 무게를 견디기가 괴롭다.	도마 위에 공과 같은 지구의가 올려져 있다. 거대한 지구가 펼쳐진다.
도끼	fierce [fiərs] 형 사나운, 맹렬한	hate [heit] 동 미워하다, 싫어하다	type [taip] 명 유형, 활자 동 타이프를 치다
	더덕을 도끼로 쪼아댄다, 나물을 만들기 위해.	도끼로 다람쥐 꼬리를 잘랐다.	도마 위에 도끼가 올려져 있다. A 타입이다.
땅콩	invade [invéid] 동 침략하다, 침해하다	pardon [páːrdn] 명 용서 동 용서하다	unification [jùːnəfikéiʃən] 명 통일
	땅콩 넝쿨이 더덕밭을 넘어서서 뻗어 오다.	땅콩을 몇 개 다람쥐가 훔쳐 갔는데 용서해주다.	도마 위에 땅콩이 일렬로 있다. 일렬의 땅콩은 통일을 의미한다.
뜀틀	explode [iksplóud] 동 폭발하다	disappoint [disəpɔ́int] 동 실망시키다, 실망하다	unity [júːnəti] 명 통일, 일치
	뜀틀 위에서 더덕 자루로 뛰어내리자 자루가 터져 더덕이 쏟아지다.	뜀틀에서 다람쥐가 실망하다. 다람쥐는 나무에서 나무로 뛰기도 하는데, 아래로 뛰어내리는 정도는 가소롭다.	뜀틀에서 도마 위로 뛰어내리도록 통일시키라.
코끼리	beast [biːst] 명 야수, 짐승	roar [rɔːr] 동 으르렁거리다, 울부짖다	giant [dʒáiənt] 명 거인 형 거대한
	더덕밭에 침입해 온 짐승과 코끼리가 붙다, 싸우다.	다람쥐가 코끼리를 보고 으르렁거리다.	도마 위에서 코끼리와 거인이 대결한다.
	더덕	다람쥐	도마

갈퀴	various [vέəriəs] 형 여러 가지의	skill [skil] 명 기술, 솜씨	tiny [táini] 형 아주 작은
	갈퀴로 두부를 쳐서 여러 조각으로 부서져 버리다.	갈퀴 위에 도시락을 얹어놓았다. 기술이 있군!	대야에 작은 갈퀴가 들어 있다.
돛배	refrigerator [rifrídʒərèitər] 명 냉장고	curious [kjúəriəs] 형 호기심이 강한, 이상스러운	patient [péiʃənt] 명 환자 형 참을성 있는
	배에 있는 냉장고 위에 두부가 있다. (냉장고에 넣으려고)	돛배 바닥에 도시락이 있는데, 도시락 속에 무엇이 들어 있을까 호기심이 난다.	배에 대야가 있고, 옆에 환자가 있다.
독수리	spade [speid] 명 삽, 가래	frighten [fráitn] 동 깜짝 놀라게 하다	suck [sʌk] 동 빨다
	독수리는 삽을 가지고 두부를 떠먹는다.	독수리가 도시락을 쪼아서 시끄러운 소리를 내어 깜짝 놀라게 하다.	독수리가 대야에 있는 물을 빨아 마시고 있다.
거위	torch [tɔ:rtʃ] 명 횃불	astonish [əstániʃ/-tɔ́n-] 동 놀라게 하다	throat [θrout] 명 목구멍
	거위가 횃불을 들고 밤에 두부를 먹는다.	거위가 도시락을 부리로 톡톡 쳐서 놀라게 하다.	거위가 대야에 목구멍을 대고 있다.
막대기	single [síŋgl] 형 단 하나의, 독신의	scare [skɛər] 동 놀라게 하다, 놀라다, 겁내다	thermometer [θərmámitər/-mɔ́m-] 명 온도계
	독신자가 젓가락으로 두부를 먹다.	빈 도시락을 막대로 쳐서 소리를 내어 놀라게 하다.	대야에 들어 있는 막대는 온도계이다.
	두부	도시락	대야

	두부	도시락	대야
공	furniture [fə́:rnitʃər] 명 가구 김치냉장고 위에 공과 두부가 있다.	amazing [əméiziŋ] 형 놀랄 만한, 굉장한 공이 굉장한 힘으로 도시락을 누른다.	temperature [témpərətʃər] 명 온도, 체온 대야에 있는 온도계로 공의 온도를 잰다.
도끼	magazine [mǽgəzí:n] 명 잡지 도끼 밑에 잡지를 깔고 도끼 위에 두부를 놓다.	ache [eik] 명 아픔 동 아프다 도끼로 도시락을 치다, 상처가 나다.	shrug [ʃrʌg] 명 어깨를 으쓱함 동 어깨를 으쓱하다 도끼가 대야 속에서 어깨를 으쓱댄다.
땅콩	similar [símələr] 형 비슷한, 같은 모양의 땅콩으로도 비슷한 두부를 만든다.	scar [skɑ:r] 명 상처, 흔적 땅콩이 상처를 위로해주다. 도시락에 반창고 부착.	figure [fígjər/fígə] 명 모습, 인물, 숫자 대야 속에 땅콩의 모습도 보인다.
뜀틀	uniform [jú:nəfɔ́:rm] 명 제복 형 같은 모양의 뜀틀에서 유니폼을 입고 두부를 먹다.	sore [sɔ:r] 명 상처 형 아픈 도시락이 뜀틀에서 떨어지니 상처가 났다. (구부러지다)	inning [íniŋ] 명 회, 이닝 뜀틀에서 대야로 1회만 뛰어라.
코끼리	lantern [lǽntərn] 명 랜턴, 등 코끼리가 랜턴을 들고 두부를 먹다.	wound [wu:nd] 명 상처, 부상 동 상처를 입히다 코끼리가 도시락을 밟다. 도시락에 상처가 나다.	pulse [pʌls] 명 맥박 대야에 있는 온도계로 코끼리 의 체온과 맥박을 재다.

갈퀴	trick [trik] 명 계략, 속임수, 묘기	castle [kǽsl/kάːsl] 명 성	neat [niːt] 형 깔끔한, 단정한
	갈퀴로 돼지 귀를 간질이니 조용해진다. 트릭이 있군!	갈퀴를 성문에 세워놓고 성에 들어가다.(6)	갈퀴에 청색기를 달다.
돛배	upset [ʌpsét] 동 뒤엎다, 망쳐버리다, 당황하게 하다	passenger [pǽsəndʒər] 명 승객	kind [kaind] 형 친절한 명 종류
	배에 돼지를 실으니, 돼지가 배에서 요동을 친다.	배로 승객을 태우고 건너다.(5)	배에 흑색기를 달다.
독수리	destroy [distrói] 동 파괴하다	basement [béismənt] 명 지하실	bright [brait] 형 밝은, 영리한
	독수리가 돼지 등을 쪼아서 피가 난다.	독수리가 지하실을 지키다.(3)	독수리에게 밝은 달이 그려진 깃발을 달다.
거위	trouble [trʌbl] 명 근심, 곤란 동 괴롭히다	garage [gərάːdʒ] 명 차고, 자동차 정비 공장	grace [greis] 명 우아, 은혜
	거위가 돼지를 부리로 쪼아대며 괴롭힌다.	거위가 차고를 지키다.(2)	거위에게 자색 목련이 그려진 깃발을 달다.
막대기	warn [wɔːrn] 동 경계하다, 경고하다	exit [égzit/éksit] 명 출구	clear [kliər] 형 맑은, 명백한 동 제거하다
	돼지를 막대기로 때리니 꿀꿀거리며 경고한다.	막대로 출구를 밀고 나가다.(1) (점심 먹으러 가는 경로에 따라)	치어리더가 응원하기 위해 막대기에 삼색기를 달다.
	돼지	**런치**	**리그전**

공	vain [vein] 형 헛된 돼지가죽으로 공을 만들어봐도 팔리지 않으니 헛일일세.	cemetery [sémətèri/-tri] 명 묘지 공동묘지에서 공놀이를 하다.(10)	grand [grænd] 형 웅장한, 화려한 공에 황금기를 달고 응원하다.
도끼	evil [í:vəl] 명 악 돼지가 도끼를 보고 도망친다. 나를 잡는 놈이잖아!	funeral [fjú:nərəl] 명 장례식 도끼를 들고 장례식장에 들르다.(9)	clever [klévər] 형 똑똑한, 영리한 도끼에 녹색기를 달다.
땅콩	lonely [lóunli] 형 고독한, 쓸쓸한 돼지가 찾아주지 않으니 땅콩이 쓸쓸해한다.	desert [dézərt] 명 사막 궁전에서 점심을 먹고 디저트로 사막에서 재배한 땅콩을 먹다.(8)	kindness [káindnis] 명 친절 땅콩은 사람들에게 친근한 간식이다.
뜀틀	devil [dévl] 명 악마 형 나쁜 돼지가 뜀틀에서 뛰어내리다. 다치다.	laundry [lɔ́:ndri] 명 세탁소, 세탁물 뜀틀에서 뛰어내릴 때 흙 묻은 옷을 세탁소에 맡기다.(4)	gay [gei] 형 명랑한, 동성애자 뜀틀에 밝은 미소를 띤 얼굴을 그린 깃발을 달다.
코끼리	complain [kəmpléin] 동 불평하다 코끼리가 돼지에게 불평하다. 똥도 치우지 않고 사느냐?	palace [pǽlis] 명 궁전 코끼리를 궁전 문 앞에 세워놓고 궁전에 들어가다.(7)	wise [waiz] 형 현명한 코끼리에 卍자기를 달다.
	돼지	런치	리그전

갈퀴	amuse [əmjúːz] 동 재미있게 하다	mercy [məːrsi] 명 자비, 행운	polite [pəláit] 형 공손한, 예의 바른
	갈퀴에 러닝을 감아서 돌리다.(즐겁게)	갈퀴도 자비로운 마음으로 방송을 들어야 한다.	돈을 받으려면 갈퀴질도 예의바르게 해야 한다.
돛배	fan [fæn] 명 부채, 선풍기, 팬	moral [mɔ́ːrəl/mɑ́r-] 형 도덕적인, 윤리의	eager [íːgər] 형 열망하는
	배 위에 러닝만 걸치고 서 있으니 바람이 잘 분다.	배 안에서 라디오를 들으려면 도덕을 지켜줘야 한다.	배를 타려고 손님들이 열심히 줄을 서고 있다.
독수리	prefer [prifə́ːr] 동 좋아하다, 선호하다	sincerely [sinsíərli] 부 진심으로	wish [wiʃ] 동 원하다 명 소원
	독수리가 러닝을 좋아해서 목에 감고 다닌다.	독수리도 라디오 방송을 진심으로 듣고 있다.	독수리라도 팔아서 원하는 만큼의 돈을 받아 오라.
거위	pacific [pəsífik] 명 태평양 형 평온한, 평화로운	positive [pázətiv/pɔ́z-] 형 명확한, 적극적인	gift [gift] 명 선물
	거위가 러닝을 목에 감고 태평양을 헤엄치다.	거위가 라디오 주위에서 방송을 적극적으로 듣고 있다.	거위를 팔아서 선물을 사 오다.
막대기	freedom [fríːdəm] 명 자유	trust [trʌst] 명 신용, 신뢰 동 신용하다, 맡기다	praise [preiz] 명 칭찬 동 칭찬하다
	막대에 자유로이 러닝을 걸어놓다.	라디오에서 막대기는 안테나이다. 안테나는 신용 있는 회사의 제품이어야 한다.	막대로 때리기보다는 상금으로 칭찬해줘라.
	러닝	라디오	리라(돈)

공	company [kʌmpəni] 명 회사	forgive [fərgív] 동 용서하다	appreciate [əpríːʃièit] 동 감사하다, 감상하다
	러닝을 입힌 공이 여러 개 있다. 공 만드는 회사다.	공 위에 라디오, 라디오 위에 +마크(용서)	공처럼 둥글둥글하게 돈을 잘 써서 감사해한다.
도끼	funny [fʌni] 형 재미있는, 기묘한	excuse [ikskjúːz] 명 변명 동 용서하다, 변명하다	desire [dizáiər] 동 갈망하다
	도끼로 러닝을 장난스레 쪼고 있다.	도끼 위에 라디오, 라디오 위에 +마크(용서)	도끼질로 돈을 잘 벌게 해달라고 갈망하다.
땅콩	luck [lʌk] 명 행운	truth [truːθ] 명 진실, 진리	admire [ædmáiər/əd-] 동 칭찬하다, 감탄하다
	러닝 위에 땅콩이 쏟아진다. 행운이군!	라디오에서 땅콩을 소재로 해서 진리를 설명하다.	땅콩 수확이 많아서 돈을 잘 벌었다고 감탄한다.
뜀틀	fortunately [fɔ́ːrtʃənətli] 부 운 좋게, 다행히	frankly [fræŋkli] 부 솔직히	expect [ikspékt] 동 기대하다, 예상하다
	뜀틀 위에서 러닝만 걸치고 뛰었으나 다행히 다치진 않았다.	뜀틀 위에서 솔직한 해명을 하는 방송을 듣다.	뜀틀에서 멀리 뛰어서 상금을 받을 수 있도록 기대한다.
코끼리	friendship [fréndʃip] 명 우정, 친교	justice [dʒʌstis] 명 정의, 공정	virtue [və́ːrtʃuː] 명 덕, 장점
	코끼리 새끼들에게 러닝을 입히다. 러닝 입은 형제들.	코끼리는 라디오 방송을 듣고 자라서 정의심이 강하다.	코끼리는 돈도 잘 벌고 잘 쓰는 덕이 있다.(덕은 떡이다. 많이 나눌수록 좋다)
	러닝	라디오	리라(돈)

갈퀴	apply [əplái] 동 지원하다, 적용하다	realize [ríːəlàiz] 동 실현하다, 깨닫다	necessary [nésəsèri/-əri] 형 필요한
	갈퀴로 레몬을 배에 싣는 데 지원해줬다.	갈퀴로 럭비공이 든 망을 들어 올리다.	갈퀴는 링 밖의 접근 금지선을 그리는 데 필요하다.
돛배	goal [goul] 명 목표, 골	gain [gein] 명 이익, 증진 동 ~을 얻다	devise [diváiz] 동 궁리하다, 고안하다
	배 안에 레몬을 실었다. 골인이다.	배에 럭비공을 싣다. 배는 공을 얻다.	배를 타고 가면서 어떻게 싸울 것인지 궁리하다.
독수리	courage [kə́ːridʒ/kʌr-] 명 용기	achieve [ətʃíːv] 동 성취하다	devote [divóut] 동 바치다, 전념하다
	독수리가 용감하게 레몬을 파먹다.	독수리가 럭비공을 발 사이로 잡다.	독수리가 선수들 선서를 받는다.
거위	cheer [tʃiər] 명 갈채, 격려 동 응원 하다, 기운을 북돋다	available [əvéiləbl] 형 이용할 수 있는	attitude [ǽtitjùːd] 명 태도, 자세
	거위 등에 레몬을 올려놓다. 응원하다.	거위가 럭비공을 밀고 가다	거위가 선수들 경례를 시킨다.
막대기	challenge [tʃǽlindʒ] 명 도전, 시합의 신청 동 도전하다, 신청하다	advance [ædvǽns/ədvάːns] 명 전진 동 전진하다, 나아가다	gather [gǽðər] 동 모으다, 모이다
	막대기로 레몬을 때리다.	막대로 럭비공을 밀어내다.	막대로 경기장 기둥을 때린다. 모이라는 신호이다.
	레몬	럭비	레슬링

공	possible [pásəbl/pɔ́s-] 형 가능한	benefit [bénəfit] 명 이익, 은혜 동 이익이 되다, 도움이 되다	consider [kənsídər] 동 숙고하다, 여기다
	레몬을 축구공만큼 키우는 것이 가능할까?	배구공과 럭비공의 부피를 비교해 보니, 1 : 1로 치면 럭비공이 이익이다.	구기 종목이 레슬링에 도움을 줄 수 있을까 숙고한다.
도끼	global [glóubəl] 형 세계의, 지구의	ability [əbíləti] 명 능력	certain [sə́:rtn] 형 확실한, 어떤
	레몬을 도끼로 때려 즙을 만들어 세계로 수출한다.	도끼로 럭비공을 내리쳐 가를 능력이 있다.	레슬링에서는 도끼는 확실히 사용하지 않는다.
땅콩	future [fjú:tʃər] 명 미래 형 미래의	advantage [ædvǽntidʒ/ədvá:n-] 명 이익, 장점, 유리	responsible [rispánsəbl/-spɔ́n-] 형 책임이 있는
	땅콩+레몬의 F1(일대 잡종)이 미래에 나올 것이다.	럭비하면 땅콩을 먹는 이익이 있다.	땅콩은 돈을 잘 벌어서 레슬링 선수들을 키울 책임이 있다.
뜀틀	further [fə́:rðər] 부 더 멀리, 게다가 형 더 먼, 그 이상의	able [éibl] 형 ~할 수 있는	confident [kánfedənt/kɔ́n-] 형 자신하는, 확신하는
	뜀틀에서 레몬을 더 멀리 떨어뜨려라.	럭비공이 뜀틀 위에서 떨어지지 않고 잘 견딘다.	레슬링 선수들은 뜀틀에 자신이 있다.
코끼리	brave [breiv] 형 용감한	succeed [səksí:d] 동 성공하다, 계승하다	concentrate [kánsəntrèit/kɔ́n-] 동 집중하다
	코끼리가 레몬을 씹어 먹다.	코끼리가 코로 럭비공 돌리기에 성공하다.	코끼리가 레슬링 하는 것을 집중해서 보고 있다.
	레몬	럭비	레슬링

갈퀴	solve [sɑlv/sɔlv] 동 풀다, 해결하다. 배에 실려 온 라일락 묘목을 갈퀴로 풀어내리다.	society [səsáiət] 명 사회 안경점이 사회에서 돈을 긁는다.	cycle [sáikl] 명 주기, 자전거 멸치 사이클에 맞춰 갈퀴를 써라.
돛배	cooperate [kouɑ́pərèit/-ɔ́p-] 동 협력하다, 협동하다. 배에 라일락 묘목을 싣는데 사람들의 협력을 받았다.	monk [mʌŋk] 명 수도사, 승려 배에 있는 승려가 안경을 끼고 있다.	male [meil] 명 남성, 수컷 형 남성의, 수컷의 배에는 멸치 수놈만 실어라.
독수리	agree [əgríː] 동 동의하다 독수리도 라일락 나무 아래에 있는 거위의 자세에 동의하다.	quarrel [kwɔ́ːrəl/kwɔ́r-] 명 싸움 동 다투다 독수리도 안경을 뺏기 위해 다투다.	captain [kǽptən] 명 우두머리, 선장, 주장 독수리가 멸치 떼 주장이다.
거위	posture [pɑ́stʃər/pɔ́s-] 명 자세, 태도 거위가 라일락 나무 곁에서 날개를 펴며 자세를 잡다.	fight [fait] 명 싸움, 전투 동 싸우다 거위가 안경을 뺏기 위해 싸우다.	chief [tʃiːf] 명 우두머리, 장 형 주요한 거위가 멸치 떼 우두머리이다.
막대	connect [kənékt] 동 연결하다, 관계시키다. 막대기를 라일락 묘목에 묶었다.	weapon [wépən] 명 무기, 공격 수단 안경은 렌즈가 무기이다.	block [blɑk/blɔk] 명 블록, 구역 동 막다, 방해하다 멸치 박스를 막대로 때리다.
	라일락	렌즈(안경)	멸치

공	result [rizʌlt] 명 결과	history [hístəri] 명 역사	past [pæst/pɑːst] 명 과거 형 지난 과거의 전 ~을 지나서
	0+1=1 공 옆에 라일락 묘목을 1 더하면 결과는 1이다.	공에 안경을 씌우다니, 역사적 사건이군!	과거부터 멸치를 팔아서 공을 사왔다.
도끼	suppose [səpóuz] 동 상상하다	ancient [éinʃənt] 형 고대의	bronze [brɑnz/brɔnz] 명 청동 형 청동의
	라일락 묘목을 도끼로 잘라서 보면 몇 년생인지 상상할 수 있다.	고대 어느 때부터 도끼와 안경이 만났을까?	도끼로 멸치 잡는 것은 청동기 때부터이다.
땅콩	develop [divéləp] 동 발전시키다, (필름을) 현상하다	age [eidʒ] 명 나이, 시대	circle [sə́ːrkl] 명 원, 집단 동 회전하다
	땅콩밭 옆에 라일락 연구소를 세워 발전시켜야겠다.	안경 나이만큼 땅콩을 가져가라.	멸치와 땅콩을 술안주로 쓴다. 한 서클이다.
뜀틀	get [get] 동 얻다, 사다	war [wɔːr] 명 전쟁	part [pɑːrt] 명 부분
	라일락 묘목을 뜀틀에 하나 올려놓다.	안경을 끼고 뜀틀에서 뛰는 것을 전쟁만큼 무서워한다.	뜀틀에서 멸치를 말린다. 뜀틀은 멸치 말리는 장소의 한 부분이다.
코끼리	comprehend [kàmprihénd/kɔ̀m-] 동 이해하다	alphabet [ǽlfəbèt] 명 문자, 알파벳	period [píəriəd] 명 기간, 시대
	코끼리가 등 위에 라일락 묘목을 지고 가면서 작업을 이해한다.	안경 낀 코끼리에게 알파벳을 가르친다.	코끼리가 주기적으로 멸치를 먹다.
	라일락	렌즈(안경)	멸치

갈퀴	hometown 〔hóumtáun〕 몡 고향 갈퀴질을 같이하던 고향 친구와 함께 메기탕을 먹는다.	crew 〔kru:〕 몡 승무원 승무원이 갈퀴를 옆에 두고 마늘장아찌로 식사한다.	duty 〔djú:ti〕 몡 임무, 의무 갈퀴의 임무는 만두를 나르는 것이다.
돛배	familiar 〔fəmíljər〕 혱 친숙한 돛배 안에서 친한 친구와 같이 메기탕을 먹는다.	engineer 〔èndʒiníər〕 몡 기사, 기술자 기사가 돛배 안에서 마늘장아찌로 식사한다.	position 〔pəzíʃən〕 몡 위치, 직책 돛배에서 만두를 빚기 위해 각자 자리를 잡다.
독수리	nephew 〔néfju:/név-〕 몡 조카 조카가 독수리와 함께 메기탕을 먹는다.	pilot 〔páilət〕 몡 조종사, 비행사 조종사가 독수리와 함께 마늘장아찌를 먹는다.	thief 〔θi:f〕 몡 도둑 독수리가 만두를 훔쳐 가는 도둑을 잡아 오다.
거위	daughter 〔dɔ́:tər〕 몡 딸 딸이 거위와 같이 메기탕을 먹는다.	army 〔á:rmi〕 몡 육군, 군대 거위가 군대 면회소에서 마늘장아찌로 식사한다.	beg 〔beg〕 동 구걸하다, 청하다 거위가 만두를 구걸하다.
막대기	neighbor 〔néibər〕 몡 이웃 사람 막대 젓가락으로 이웃 사람과 메기탕을 먹는다.	soldier 〔sóuldʒər〕 몡 군인 막대를 든 군인이 마늘장아찌로 식사하고 있다.	beggar 〔bégər〕 몡 거지 만둣가게 앞에서 거지가 들어오려는 것을 막대로 막고 있다.
	메기	마늘	만두

공	region [ríːdʒən] 몡 지역, 지방 지역끼리 메기 내기 공차기 시합을 한다. (장안구 대 팔달구)	clerk [kləːrk/klɑːk] 몡 사무원, 점원 점원이 공과 마늘을 판다.	poverty [pávərti/pɔ́v-] 몡 가난, 결핍 쭈그러진 공 위에 만두가 올려져 있다.
도 끼	nickname [níknèim] 몡 별명, 애칭 도끼로 메기를 잡아서 별명이 메기란다.	niece [niːs] 몡 조카딸 도끼로 마늘을 빻아서 조카딸에게 주다.	pity [píti] 몡 동정, 유감 통 동정하다 도끼로 만두의 1/3만 잘라서 동정해줘라.
땅 콩	community [kəmjúːnəti] 몡 지역사회 지역 메기탕 집에서 땅콩을 넣어 메기탕을 끓여 먹다.	professor [prəfésər] 몡 교수 교수의 연구는 땅콩과 마늘의 공통분모를 찾는 것이다.	character [kǽriktər] 몡 특성, 성격, 인물 땅콩 가루로 만두 속을 채우는 캐릭터를 만들자.
띔 틀	native [néitiv] 혱 고향의, 선천적인 고향에 있는 어린 시절 친구와 띔틀에서 메기탕을 먹는다.	astronaut [ǽstrənɔ̀ːt] 몡 우주비행사 띔틀에서 우주비행사가 마늘을 먹고 있다.	role [roul] 몡 역할 띔틀의 역할은 만두를 받아놓는 것이다.
코 끼 리	local [lóukəl] 혱 지역의 아파트 지역의 친한 친구와 코끼리와 같이 메기탕을 먹는다.	mayor [méiər/méə] 몡 시장 시장이 코끼리를 데리고 마늘 재배에 대해 연구하고 있다.	hunger [hʌ́ŋgər] 몡 굶주림 코끼리는 만두 먹고는 배고파서 못 산다.
	메기	마늘	만두

	머루	매미	마부
갈퀴	robber [rábər/rɔ́bər] 명 강도 갈퀴로 머루를 훔쳐 가는 강도를 잡았다.	sense [sens] 명 감각, 느낌 매미가 갈퀴 위에서 센스 있게 움직인다.	perform [pərfɔ́ːrm] 동 실행하다, 상영하다 마부가 갈퀴를 들고 긁어본다.
돛배	witness [wítnis] 명 목격자, 증거 돛배에 주인의 허락도 없이 머루를 실었다. 도둑이라는 증거이다.	entertainment [èntərtéinmənt] 명 접대, 환대, 오락, 연예, 환영회, 연회 매미가 배 위에서 친구들과 환영회를 한다.	comedy [kámədi/kɔ́m-] 명 희극, 코미디 마부가 배 위에서 코미디를 감상한다.
독수리	prison [prízn] 명 형무소, 감옥 머루 농장에서 독수리가 축사에 갇혀 있다.	host [houst] 명 주인, 주최자 매미가 독수리 위에 타고 주인 노릇을 하다.	concert [kánsəːrt/kɔ́nsət] 명 음악회, 연주회 마부가 독수리를 데리고 음악회에 간다.
거위	teenager [tíːnèidʒər] 명 10대 소년 소녀 머루 농장에서 거위가 10대 소년 소녀들과 같이 놀고 있다.	servant [sə́ːrvənt] 명 하인 매미가 거위 등에 타고 하인처럼 부리다.	exhibition [èksəbíʃən] 명 전람회, 전시회 마부가 거위를 데리고 전람회를 둘러본다.
막대기	murder [mə́ːrdər] 명 살인 머루 농장에서 막대로 살인한다.	master [mǽstər/máːs-] 명 주인 동 정복하다, 습득하다 매미가 막대 위에서 주인 노릇을 한다.	ticket [tíkit] 명 표, 입장권 마부 막대기에 입장권이 붙어 있다.

공	evidence [évədəns] 몡 증거	invitation [ìnvitéiʃən] 몡 초대	expression [ikspréʃən] 몡 표현, 표정
	머루 농장에는 공이 남아 있어 예전에 경기장이었음을 증명하고 있다.	매미가 공 위에서 초대한 친구들과 놀고 있다.	마부가 공 위에 밀짚모자를 얹으며 웃고 있다.
도끼	escape [iskéip] 몡 도망 동 도망치다	build [bild] 동 짓다, 건축하다	sensitive [sénsətiv] 형 예민한
	머루 농장에 있는 도끼를 보고 야생 짐승들이 도망친다.	매미가 건축하는 데 쓰는 도끼는 얼마나 작을까?	마부가 도끼를 예민하게 갈고 있다.
땅콩	twin [twin] 몡 쌍둥이	architecture [á:rkətèktʃər] 몡 건축, 건축학	literature [lítərətʃər] 몡 문학
	머루 농장에는 땅콩나무 두 그루가 쌍둥이처럼 자란다.	땅콩밭에서 매미가 집을 짓다.	마부가 땅콩밭에서 문학 책을 읽고 있다.
뜀틀	fairy [féəri] 몡 요정	feeling [fí:liŋ] 몡 느낌, 감정	novel [návəl/nóv-] 몡 소설
	머루 농장 뜀틀은 요정의 놀이터라 한다.	매미가 뜀틀 위에서 촉각만으로 움직인다.	마부가 뜀틀에서 소설을 읽고 있다.
코끼리	ghost [goust] 몡 유령	art [a:rt] 몡 예술, 미술	reservation [rèzərvéiʃən] 몡 예약
	머루 농장에는 코끼리 유령이 나온다고 한다.	매미가 코끼리 위에서 예술적으로 움직인다.	마부가 코끼리 등에 타는 것을 예약한다.
	머루	매미	마부

갈퀴	attention [əténʃən] 명 주의, 주목 갈퀴는 멍석 위를 조심해서 긁어야 한다.	rainy [réini] 형 비 오는 모이를 말리려고 갈퀴로 긁어놓으니 비가 오려 한다.	canal [kənǽl] 명 운하 갈퀴처럼 생긴 운하를 목장에 팠다.
돛배	audience [ɔ́:diəns] 명 청중, 관객 배 멍석 위에 관중이 앉아 있다.	cloudy [kláudi] 형 흐린, 구름이 낀 배에 모이를 실으니 구름이 낀다.	port [pɔ:rt] 명 항구 목장의 항구에 배가 들어온다.
독수리	scene [si:n] 명 장면, 현장 독수리가 멍석 위에서 멋진 자세를 취한다.	sunshine [sʌ́nʃàin] 명 햇빛 독수리는 모이를 햇빛이 난 뒤에 주어라.	lake [leik] 명 호수 독수리가 목장 근처에 있는 호숫가를 걷고 있다.
거위	whistle [hwísl] 명 휘파람 동 휘파람을 불다 거위가 멍석 위에서 휘파람을 분다.	sunrise [sʌ́nràiz] 명 해돋이, 일출 거위는 모이를 해돋이에 주어라.	ground [graund] 명 땅, 운동장 거위가 목장 운동장을 거닐고 있다.
막대기	dawn [dɔ:n] 명 새벽 동 날이 새다 새벽에 멍석을 깔고 막대를 세워 위치를 표시한다.	earth [ə:rθ] 명 지구, 땅 막대기에 모이를 부으니 땅으로 다 쏟아진다.	soil [sɔil] 명 땅 목장 땅에 막대기를 박았다.
	멍석	**모이**	**목장**

공	tourist [túərist] 몡 여행자, 관광객	shine [ʃain] 동 빛나다	coast [koust] 몡 해안
	관광객들이 멍석과 공을 많이 사 간다.	공 위에 모이를 뿌리니 햇빛이 쏟아진다.	목장에서는 해안에서 공을 찬다.
도끼	trip [trip] 몡 여행	frost [frɔːst/frɔst] 몡 서리	beach [biːtʃ] 몡 해변, 해안
	멍석과 도끼를 써서 여행을 한다.	도끼 위에 모이를 뿌리니 서리같이 보인다.	목장에 있는 비치파라솔 탁자에 도끼를 올려놓았다.
땅콩	travel [trǽvəl] 몡 여행 동 여행하다	sand [sænd] 몡 모래	shore [ʃɔːr] 몡 물가, 해안
	멍석 위에서 땅콩을 준비한다. 여행을 떠나기 위해서.	땅콩밭에 모이를 뿌리니 모래와 섞여 구분이 어렵다.	목장 해안에 땅콩을 심었다.
뜀틀	nature [néitʃər] 몡 자연	fog [fɔːg/fɔg] 몡 안개	iceberg [áisbəːrg] 몡 빙산
	뜀틀 아래 멍석이 자연스럽게 깔려 있다.	모이를 뜀틀 곁에 뿌려 놓으니 안개가 다가온다.	목장의 뜀틀 옆에 빙산을 만들었다.
코끼리	impress [imprés] 동 감명을 주다, 인상을 주다	stormy [stɔ́ːrmi] 형 폭풍의	ocean [óuʃən] 몡 대양, 바다
	코끼리가 멍석 위에서 감명 깊은 쇼를 한다.	코끼리에게 모이를 주니 폭풍이 몰아친다.	목장에서 기르던 코끼리를 팔러 바다를 건넌다.
	멍석	모이	목장

갈퀴	grass [græs] 명 풀, 잔디	owl [aul] 명 올빼미	turtle [tə́:rtl] 명 거북이
	풀 위에다 갈퀴를 이용해서 배추를 옮긴다.	갈퀴로 올빼미를 잡아서 바구니에 넣다.	갈퀴로 거북이를 잡아서 배낭에 넣었다.
돛배	bay [bei] 명 만	sheep [ʃi:p] 명 양	frog [frɔ:g/frɑg/frɔg] 명 개구리
	배추 실은 배가 만으로 간다.	배(ship)에서 양을 잡아서 바구니에 넣다.	배에 놓아둔 배낭에 개구리가 올라앉았다.
독수리	creek [kri:k] 명 시냇물, 샛강	hawk [hɔ:k] 명 매	ostrich [ɔ́:stritʃ/ɑ́s-] 명 타조
	독수리가 배추를 물고 샛강으로 나온다.	독수리가 매를 잡아 와서 바구니에 넣었다.	배낭에서 타조고기를 꺼내서 독수리를 먹였다.
거위	stream [stri:m] 명 개울, 흐름 동 흐르다	duck [dʌk] 명 오리	turkey [tə́:rki] 명 칠면조
	거위가 배추를 물고 개울가로 나온다.	거위가 오리를 잡아 와서 바구니에 넣었다.	배낭에서 칠면조 통조림을 꺼내서 거위에게 먹였다.
막대기	ditch [ditʃ] 명 도랑	hunt [hʌnt] 동 사냥하다, 추적하다	fence [fens] 명 울타리
	막대를 도랑에 걸치고 배추를 씻어 올려놓았다.	막대에 바구니를 걸어 어깨에 메고 사냥을 나간다.	배낭을 울타리 위에 올려놓다.
	배추	바구니	배낭

공	wood〔wud〕 명 숲 숲에는 배추를 심고 공놀이를 즐길 만한 공간이 있다.	gun〔gʌn〕 명 총 공 위에 총을 놓아두고 바구니에 넣다.	cage〔keidʒ〕 명 우리, 새장 배낭에서 새장을 꺼내 공 위에 올려놓다.
도끼	forest 〔fɔ́:rist/fɔ́r-〕 명 숲 도끼로 숲을 잘라내고 배추밭을 일구다.	wolf〔wulf〕 명 늑대 도끼로 늑대를 잡아서 바구니에 넣었다.	bee〔bi:〕 명 꿀벌 배낭에서 도끼를 꺼내 꿀을 발라서 꿀벌을 유인한다.
땅콩	slope〔sloup〕 명 경사, 비탈 비탈에 배추와 땅콩이 자라고 있다.	lamb〔læm〕 명 새끼 양 땅콩밭에서 새끼 양을 잡아서 바구니에 넣었다.	pigeon〔pídʒən〕 명 비둘기 배낭에서 땅콩을 꺼내 비둘기에게 주었다.
뜀틀	ivy〔áivi〕 명 담쟁이덩굴 뜀틀 옆 담쟁이덩굴 곁에 배추 무더기를 만들다.	deer〔diər〕 명 사슴 뜀틀에서 사슴을 잡아서 바구니에 넣다.	butterfly 〔bʌtərflài〕 명 나비 뜀틀 밑 배낭 위에 나비가 앉았다.
코끼리	cave〔keiv〕 명 동굴 코끼리가 배추를 동굴 속으로 옮기다.	giraffe 〔dʒəræf/-rɑ́:f〕 명 기린 코끼리가 기린을 잡아 와서 바구니에 넣었다.	squirrel 〔skwɔ́:rəl/skwír-〕 명 다람쥐 배낭에서 다람쥐를 꺼내서 코끼리 등 위에 올려놓다.
	배추	**바구니**	**배낭**

갈퀴	hut [hʌt] 명 오두막집 오두막집에서 갈퀴를 세워놓고 바둑을 둔다.	cotton [kátn/kɔ́tn] 명 솜, 목화 보리를 팔아서 솜을 사 와 갈퀴로 운반한다.	cookie [kúki] 명 쿠키 백마가 작은 갈퀴로 쿠키를 건져내다.
돛배	stone [stoun] 명 돌 배에 흑백 바둑돌을 만들 돌을 싣고 왔다.	grain [grein] 명 곡식, 낟알 수확된 보리 낟알들을 배에 싣고 팔러 간다.	bake [beik] 동 굽다 배에서 백마가 빵을 굽다.
독수리	log [lɔ(:)g] 명 통나무 독수리가 바둑판을 만들 수 있는 통나무를 밀고 온다.	crop [krɑp/krɔp] 명 농산물 수확 독수리가 보리를 수확한다.	beef [bi:f] 명 쇠고기 독수리도 백마에게 쇠고기를 바친다.
거위	stick [stik] 명 나무토막 동 찌르다 거위가 바둑판 위로 막대기를 물고 온다.	sow [sou] 동 씨를 뿌리다 거위가 보리의 씨를 뿌리다.	fruit [fru:t] 명 과일 거위가 백마에게 과일을 바친다.
막대기	pole [poul] 명 막대기, 기둥, 지구의 극 바둑판 위에 막대가 놓여 있다.	jar [dʒɑ:r] 명 항아리 막대기로 보리를 털어서 항아리에 담다.	corn [kɔ:rn] 명 옥수수, 곡물 백마가 옥수숫대의 푸른 잎을 먹다. (막대기-옥수수)
	바둑	보리	백마

공	village [vílidʒ] 몡 마을	pot [pɑt/pɔt] 몡 냄비	flour [fláuər] 몡 밀가루
	공을 찰 만한 마을을 걸고 바둑을 두다.	보리가 들어 있는 냄비 위에 공을 얹어놓았다.	백마가 공 위에 하얀 밀가루를 뿌린다.
도끼	coal [koul] 몡 석탄	shell [ʃel] 몡 껍질, 조가비	pumpkin [pʌmpkin/pʌŋkin] 몡 호박
	도끼로 바둑판을 쪼개 불에 태워 숯을 만들다.	보리를 팔아서 사 온 조가비를 먹고 껍질은 도끼로 깨다.	백마가 도끼로 자른 호박을 먹다.
땅콩	ladder [lǽdər] 몡 사다리	roof [ruːf] 몡 지붕	bean [biːn] 몡 콩
	땅콩 내기 바둑을 두어서 사다리를 타고 2층 방으로 운반한다.	땅콩밭에서 보릿대를 엮어서 지붕을 만든다.	백마가 땅콩밭에서 콩을 먹는다.
띰틀	hay [hei] 몡 건초	fur [fəːr] 몡 부드러운 털, 모피	beer [biər] 몡 맥주
	띰틀 밑에서 건초를 깔고 앉아 바둑을 두다.	보리를 팔아서 사 온 모피를 띰틀에 널었다.	백마가 띰틀에서 맥주를 마신다.
코끼리	wagon [wǽgən] 몡 짐마차	wool [wul] 몡 양모	vegetable [védʒətəbəl] 몡 야채
	코끼리가 끄는 짐마차 위에서 바둑을 두다.	보리를 팔아 양모를 사서 코끼리에 지워 오다.	코끼리와 백마가 야채를 같이 먹는다.
	바둑	보리	백마

	백반	복숭아	북어
갈퀴	bottle [bátl/bɔ́tl] 명 병, 술병 갈퀴로 백반 먹을 때 먹은 술병을 모으다.	heart [hɑːrt] 명 심장, 마음 갈퀴로 복숭아를 훔쳐 갔다니 마음이 아프다.	bone [boun] 명 뼈 포크형 갈퀴로 북어 뼈를 골라내다.
돛배	boil [bɔil] 동 끓다, 끓이다 배에서 백반 찌개를 끓이다.	whisker [wískər] 명 구레나룻 수염 배에서 구레나룻 수염을 다듬으면서 복숭아를 먹고 있다.	muscle [mʌsl] 명 근육 배에 북어가 실려 있다. (근육)
독수리	noodle [núːdl] 명 면, 국수 독수리는 백반이 아닌 국수를 먹는다.	breathe [briːð] 동 호흡하다 독수리가 복숭아를 먹으면서 호흡을 하고 있다.	stomach [stʌmək] 명 위, 복부 독수리가 북어 배를 물고 오다.
거위	smell [smel] 동 냄새 맡다, 냄새가 나다 거위가 백반 상을 냄새 맡다.	tooth [tuːθ] 명 이, 치아 거위가 복숭아를 먹으려고 이를 드러내고 있다.	tongue [tʌŋ] 명 혀, 언어 거위가 북어 입을 물고 오다.
막대기	chopstick [tʃápstik] 명 젓가락 백반 상에 젓가락이 있다.	brain [brein] 명 뇌 머리에 복숭아와 막대기를 올려놓다.	lip [lip] 명 입술 막대기에 북어 입술을 대다.

공	salt [sɔːlt] 명 소금	physical [fízikəl] 형 물질의, 신체의	headache [hédèik] 명 두통
	공 위에 백반용 소금을 담아놓다.	공 위에 복숭아를 얹으니 육체적 접촉이다.	공 위에 북어를 올려놓으니 공이 머리 아파 한다.
도끼	pepper [pépər] 명 후추	bridge [bridʒ] 명 다리	fever [fíːver] 명 열
	도끼 위에 백반에 쓰는 후춧가루를 담아놓다.	다리에 도끼와 복숭아를 걸다.	도끼로 북어를 잘라 열에 구워 먹는다.
땅콩	supper [sʌpər] 명 저녁 식사	health [helθ] 명 건강	cough [kɔːf/kɔf] 명 기침 동 기침을 하다
	땅콩밭에서 백반으로 저녁식사를 하다.	땅콩밭에서 발로 복숭아를 찬다.(발 - 건강)	땅콩밭에서 북어 요리를 먹고 기침을 한다.
뜀틀	bowl [boul] 명 사발, 그릇	knee [niː] 명 무릎	nail [neil] 명 손톱
	백반을 담은 사발을 뜀틀 위에 올려놓았다.	뜀틀 밑에서 무릎을 꿇고 복숭아를 줍는다.	뜀틀에서 손톱 깎는 칼로 북어를 다듬는다.
코끼리	taste [teist] 명 맛, 취미 동 맛을 보다	chest [tʃest] 명 가슴	blood [blʌd] 명 피, 혈액
	코끼리가 백반 맛을 보다.	코끼리 가슴에 복숭아를 달아주다. (끈을 써서)	코끼리가 선지에 북어를 넣은 요리를 먹고 있다.
	백반	복숭아	북어

갈퀴	pain [pein] 명 고통, 수고	blind [blaind] 형 눈이 먼	trousers [tráuzərz] 명 바지
	보자기를 쓰고 갈퀴로 땅을 긁으니 파인 곳이 있다.	갈퀴로 상추를 긁으면 상품 가치가 없다. 무서운 일이다.	작은 산봉우리에서 바지를 입다.
돛배	disease [dizí:z] 명 질병	alive [əláiv] 형 살아 있는	purse [pə:rs] 명 지갑, 핸드백
	배에 붉은색 보자기를 걸다. (질병의 표시로)	상추를 배에 싣고 팔러 간다. 상추가 싱싱하다.	화장실에 지갑을 두고 왔다.
독수리	cure [kjuər] 명 치료 동 치료하다	terrible [térəbl] 형 끔찍한, 무서운	soap [soup] 명 비누
	독수리가 목에 보자기를 두르고 반창고를 붙여주다.	녹수리도 상추를 끔찍이 무서워한다.	철봉에 비누가 올려져 있다.
거위	hurt [hə:rt] 동 상처를 입히다	fear [fiər] 명 두려움 동 두려워하다	doll [dɑl/dɔl] 명 인형
	거위가 보자기를 목에 두르고 부리로 나무를 쪼아 상처를 입히다.	거위가 상추를 두려워하다. (졸리니까)	무궁화나무 옆에 인형이 있다.
막대기	drugstore [drʌgstɔ̀:r] 명 약국	afraid [əfréid] 형 두려운	bar [bɑ:r] 명 막대기 동 금지하다, 잠그다
	막대에 보자기를 감고 약국을 두드리다.	상추가 막대기를 두려워하다. 막대기에 맞으면 숨이 죽으니까.	금당 약수터에서 지팡이를 짚고 가다.
	보자기	상추	사과

※ 사과, 성냥 부분은 '여정 기억법'을 활용해 우리 아파트에서 뒷산으로 가는 과정을 연결해서 기억함.

공	wrong [rɔ́ːŋ/rɔ́ŋ] 형 나쁜, 틀린	dumb [dʌm] 형 벙어리의	umbrella [ʌmbrélə] 명 우산
	공을 보자기로 싸니 공의 기능이 상실되다.	공 위에 있는 상추를 먹고 벙어리가 되다.	약수터(한천)에서 우산을 주웠다.
도끼	badly [bǽdli] 부 나쁘게, 몹시	deaf [def] 형 귀가 먼	balloon [bəlúːn] 명 풍선, 기구
	도끼에 보자기를 씌우니 도끼의 기능이 상실되다.	도끼 위에 있는 상추를 먹고 귀머거리가 되다.	내려가는 삼차로 길에 풍선을 달아놓았다.
땅콩	medicine [médəsin] 명 약, 내복약	handicap [hǽndikæp] 명 장애, 어려움	backpack [bǽkpæk] 명 가방, 배낭
	땅콩을 보자기에 싸서 약과 교환해 오다.	땅콩밭에서 상추를 먹고 장애를 일으키다.	산꼭대기 쉼터에 배낭을 벗어놓다.
뜀틀	ill [il] 형 병든	awful [ɔ́ːfəl] 형 무서운, 대단한, 지독한	casual [kǽʒuəl] 형 우연의, 평상복의
	뜀틀에 붉은 보자기가 걸렸다.	상추를 먹으면 뜀틀에서는 적응 못 한다.	산마루에서 평상복으로 갈아입다.
코끼리	sick [sik] 형 병든	death [deθ] 명 죽음, 사망	clothes [klouz] 명 옷, 의복
	코끼리가 보자기를 목에 걸고 힘없이 앉아 있다.	코끼리가 상추를 먹고 죽은 듯이 자고 있다.	퇴계 이황 시 비석 옆에서 의복을 갈아입다.
	보자기	상추	사과

※ 사과, 성냥 부분은 '여정 기억법'을 활용해 우리 아파트에서 뒷산으로 가는 과정을 연결해서 기억함.

갈퀴	brush [brʌʃ] 명 붓솔 동 빗질하다	bubble [bʌbl] 명 거품	bill [bil] 명 계산서, 지폐
	마을버스 승강장 대기소에서 빗질을 하고 있다.	갈퀴로 서당 세숫대야 비누 거품을 제거한다.	소라를 팔아 갈퀴로 돈을 긁어 온다.
돛배	bike [baik] 명 자전거	draw [drɔː] 동 끌다, 그리다, 당기다	cash [kæʃ] 명 현금 동 현금으로 바꾸다
	대기 의자 옆에 자전거가 세워져 있다.	서당에서는 그림을 그려서 배를 소개한다.	배에 소라를 싣고 가서 현금으로 가져온다.
독수리	eraser [iréisər/-zə] 명 지우개	broadcast [brɔ́ːdkæst/-kɑ́ːst] 명 방송 동 방송하다	cost [kɔːst] 명 비용 동 비용이 들다
	우체통 위에 지우개가 얹혀 있다.	서당 담장에서 독수리가 소리를 내서 방송하다.	독수리가 소라로 비용을 지불한다.
거위	button [bʌtən] 명 버튼, 단추	advertise [ǽdvərtàiz] 동 광고하다, 광고를 내다	calculate [kǽlkjulèit] 동 계산하다
	가게 앞에 단추가 떨어져 있다.	거위가 서당 마당에서 소리를 질러 광고를 한다.	거위가 소라로 계산하다.
막대기	chalk [tʃɔːk] 명 분필	demand [dimǽnd/-mɑ́ːnd] 명 요구, 수요 동 요구하다	tax [tæks] 명 세금 동 과세하다
	아파트를 나서니 도로에 분필이 떨어져 있다.	서당의 회초리는 우등생을 요구한다.	막대로 소라를 때리다. 세금을 부과하다.
	성냥	서당	소라

※ 사과, 성냥 부분은 '여정 기억법'을 활용해 우리 아파트에서 뒷산으로 가는 과정을 연결해서 기억함.

공	dictionary [díkʃənèri/-ʃənəri] 명 사전	quality [kwáləti/kwól-] 명 품질, 성질	change [tʃeindʒ] 명 변화, 교환 동 변화하다
	약수터(금당) 쉼터의 의자 위에 사전이 있다.	서당에서 쓰는 공은 품질이 좋아야 한다.	공 위에 소라 껍질을 올려놓고 시간에 따라 그림자의 변화를 보다.
도끼	cover [kʌvər] 명 덮개, 표지 동 덮다	crowded [kráudid] 형 붐비는, 혼잡한	count [kaunt] 동 계산하다, 세다
	아카시아나무 밑에 책 덮개가 놓여 있다.	서당 학생들이 혼잡한 틈에서 도끼로 범인을 잡다.	도끼로 소라 껍질을 깨서 조각을 계산하다.
땅콩	post [poust] 명 우편, 우편물	downtown [dauntaun] 명 상가, 번화가	bet [bet] 동 대기하다, 돈을 걸다
	묘 옆에 우체통이 있다.	서당 학생들이 번화가에서 땅콩을 사 오다.	땅콩과 소라가 서로 돈을 걸다.
뜀틀	scissors [sízərz] 명 가위	doubt [daut] 명 의심, 불신 동 의심하다, 미심쩍게 여기다	cheap [tʃi:p] 형 값싼
	삼차로 오두막에 가위가 있다.	서당 학생들이 뜀틀을 제대로 해낼까 의심된다.	값싼 소라 껍질을 뜀틀에 걸다.
코끼리	stamp [stæmp] 명 우표, 도장	consumer [kənsú:mər] 명 소비자, 수요자	coin [kɔin] 명 동전, 주화
	쓰레기장에 스탬프가 버려져 있다.	서당에서는 코끼리가 가장 큰 소비자다.	코끼리에게 동전 대신 소라를 던져주다.
	성냥	서당	소라

※ 사과, 성냥 부분은 '여정 기억법'을 활용해 우리 아파트에서 뒷산으로 가는 과정을 연결해서 기억함.

	신문	사발	사슴
갈퀴	abroad [əbrɔ́ːd] 형 국외로, 국외에 해외에 신문을 팔아서 갈퀴로 돈을 긁어 온다.	industry [índəstri] 명 산업, 근로, 근면 각 공장 사발들을 갈퀴로 모아 산업화하다.	indoor [índɔ̀ːr] 형 실내의, 옥내에서의 갈퀴로 사슴을 실내로 몰고 간다.
돛배	business [bíznis] 명 사업, 일 배에 신문을 싣고 사업하러 간다.	factory [fǽktəri] 명 공장 배를 가지고 사발을 생산한 공장에서 실어 온다.	deck [dek] 명 갑판 사슴이 배의 갑판에 섰다. 출발이다. (매매)
독수리	choose [tʃuːz] 동 고르다, 선택하다 독수리가 신문을 골라 오다.	clone [kloun] 명 복제 생물 동 복제하다 독수리가 사발 조각을 녹여 복제하다.	library [láibrèri/-brəri] 명 도서관 독수리가 사슴을 도서관으로 안내한다.
거위	correctly [kəréktli] 부 정확히 거위가 정확히 신문을 가져온다.	matter [mǽtər] 명 물질, 문제 동 중요하다 거위가 사발 구울 물질들을 물어 오다.	bookstore [búkstɔ̀ːr] 명 서점 거위가 사슴을 서점으로 안내한다.
막대기	exactly [igzǽktli] 부 정확히, 꼭 정확한 양의 신문을 막대로 눌러놓아라.	experiment [ikspérəmənt] 명 실험 동 실험하다 막대로 사발을 깨뜨리며 실험을 하다.	place [pleis] 명 장소, 곳 사슴 농장에 막대를 박다. (표시)

공	state [steit] 명 상태, 국가	science [sáiəns] 명 과학	court [kɔːrt] 명 안마당, 경기장, 법정
	공 위에 신문을 올려놓은 상태로 국가에 신문을 공급한다.	공 위에 사발을 만들어 올려놓은 것은 과학의 힘이다.	사슴이 경기장에서 공놀이를 한다.
도끼	condition [kəndíʃən] 명 상태, 조건	chemical [kémikəl] 명 화학약품 형 화학의	temple [témpl] 명 사원, 절, 신전
	도끼로 조건을 찍어서 (걸어서) 신문을 판매한다.	도끼로 사발을 가루로 만들어 화학에 이용한다.	사슴이 절에서 도끼 사용법을 배운다.
땅콩	capital [kǽpetl] 명 수도, 자본 형 주요한	nuclear [njúːkliər] 형 핵의, 원자력의	hall [hɔːl] 명 집회장, 회관
	땅콩을 주고 수도에 신문 지국을 만들다.	땅콩과 사발을 팔아 핵을 연구한다.	회관에서 사슴이 땅콩을 먹는다.
뜀틀	article [άːrtikl] 명 기사, 물품, 조항	material [mətíəriəl] 명 재료, 도구	gym [dʒim] 명 체육관
	뜀틀에서 신문 기사를 읽다.	뜀틀 주변에 사발 만들 재료들을 모아두다.	사슴의 뜀틀은 체육관에 있다.
코끼리	trade [treid] 명 무역, 거래	machine [məʃíːn] 명 기계	board [bɔːrd] 명 판자, 뱃전
	코끼리 등에 신문을 싣고 무역하러 간다.	코끼리가 사발을 대량 생산할 기계를 끌고 오다.	코끼리와 사슴 사이에 판자로 칸막이를 하다.
	신문	사발	사슴

갈퀴	booth [buːθ] 명 작은 방, 칸막이 좌석 사위가 갈퀴로 부스를 모으고 있다.	term [təːrm] 명 용어, 학기 사자는 한 학기 동안 갈퀴질을 배운다.	exam [igzǽm] 명 시험 유치원생들이 갈퀴질하는 시험을 치다.
돛배	bottom [bátəm/bɔ́t-] 명 밑, 아랫부분 사위가 배 밑바닥으로 내려간다.	college [kálidʒ/kɔ́l-] 명 단과대학 사자가 배를 타고 단과대학에 다닌다.	instance [ínstəns] 명 실례 유치원생들이 배에 타는 실습을 하다.
독수리	closet [klázit/klɔ́z-] 명 벽장, 다락 사위가 독수리를 다락방에 가두다.	lesson [lésn] 명 학과 수업, 교훈 사자가 독수리에게서 수업을 받는다.	example [igzǽmpl/-záːm-] 명 예, 보기 독수리가 꿩을 잡아먹은 실례를 유치원생들에게 보여주다.
거위	ceiling [síːliŋ] 명 천장 사위가 거위를 천장에 매달아두다.	knowledge [nálidʒ/nɔ́l-] 명 지식 사자가 거위에게서 지식을 배운다.	handshake [hǽndʃèik] 명 악수 거위가 유치원생과 악수하다.
막대기	corner [kɔ́ːrnər] 명 구석, 모퉁이 사위가 막대를 구석에 두다.	railroad [réilròud] 명 철로 사자를 막대기로 유인해 철로로 몰고 나오다.	absent [ǽbsənt] 형 결석한, 없는 결석자가 있어서 막대로 출석부를 치다.
	사위	사자	유치원

공	bedside [bédsàid] 명 침대 곁	plane [plein] 명 비행기	classmate [klǽsmèit] 명 학급 친구
	사위가 공을 침대 곁에 놓아두다.	공과 함께 사자고기를 비행기로 보낸다.	공을 가지고 학급 친구들과 공놀이를 한다.
도끼	below [bilóu] 전 ~의 아래에 부 아래에	subway [sʌ́bwèi] 명 지하도, 지하철	mental [méntl] 형 정신적인
	사위가 도끼를 아래로 던진다.	사자를 도끼로 잡아서 지하철로 보낸다.	유치원생들에겐 도끼로 맞는 것처럼 자극적인 정신교육이 필요하다.
땅콩	beyond [biánd/bijánd] 전 ~의 저쪽에, ~을 넘어	schedule [skédʒuːl/ʃédjuːl] 명 예정표 동 ~할 예정이다	conversation [kànvərséiʃən/kòn-] 명 대화
	사위가 땅콩밭을 넘어서 물고기를 잡으러 간다.	사자가 땅콩을 먹을 기회가 계획되어 있다.	땅콩밭에서 유치원생들이 대화를 한다.
뜀틀	behind [biháind] 전 ~의 뒤에 부 뒤에	course [kɔːrs] 명 진로, 과정	diary [dáiəri] 명 일기
	사위가 뜀틀 뒤에 서 있다.	뜀틀은 사자에게는 거쳐 가는 과정이다.	유치원생들이 뜀틀을 뛰어 보고 일기장에 기록한다.
코끼리	above [əbʌ́v] 전 ~ 보다 위에, ~이상인	major [méidʒər] 명 전공 형 주요한 동 전공하다	examination [igzæmənéiʃən] 명 시험
	사위가 코끼리 위에 앉아 있다.	사자가 코끼리와 함께 전공과목을 배운다.	유치원생들이 코끼리에 대해 시험을 본다. (다리, 등, 코 등)
	사위	사자	유치원

갈퀴	pressure [préʃər] 명 압박	rescue [réskju:] 명 구조, 구원 동 구하다, 구조하다	worry [wə́:ri/wʌ́ri] 동 괴롭히다, 걱정하다
	아기를 갈퀴에 태워 갈퀴를 압박하다.	언니가 갈퀴로 사람을 구조하다.	갈퀴로 완두를 펼쳐놓고 긁어주다.
돛배	response [rispáns/-spɔ́ns] 명 응답, 반응	remember [rimémbər] 동 기억하다, 생각나게 하다	inferior [infíəriər] 형 하위의, 열등한
	아기가 배에 타니 뱃고동이 응답한다.	언니가 배를 타면서 옛일을 기억해내다.	배에 완두를 실으니, 하위 화물 취급 한다.
독수리	reply [riplái] 명 대답 동 대답하다	pull [pul] 동 끌다, 당기다, 밀다	serve [sə:rv] 동 섬기다, 봉사하다, 시중을 들다
	독수리가 아기 입을 비비며 대답하라고 한다.	독수리가 언니를 끌고 가다.	독수리가 완두 껍질을 모아서 청소하다.
거위	answer [ǽnsər/ɑ́:n-] 명 대답 동 대답하다	grow [grou] 동 기르다, 자라다, ~이 되다	obey [oubéi] 동 복종하다
	거위가 아기에게 대답 해보라고 유도한다.	언니 거위를 기르다.	거위가 완두를 먹다.
막대기	mistake [mistéik] 명 잘못, 착각	encourage [inkə́:ridʒ/-kʌr] 동 격려하다, 촉진시키다	let [let] 동 시키다
	아기를 막대로 때리는 것은 잘못이다.	언니를 막대기로 격려하다.	막대기로 완두를 까다.
	아기	언니	완두

공	difficult [dífikʌlt/-kəlt] 형 어려운, 까다로운 공 위에 아기를 앉히는 건 어려운 일이다.	dull [dʌl] 형 우둔한, 무딘 언니가 머리 위에 공을 얹는다. 머리가 우둔 (X) 스마트하다.	laugh [læf/lɑːf] 동 웃다, 비웃다 완두콩이 공 위에서 웃고 있다.
도끼	bury [béri] 동 묻다 아기가 죽어서 도끼로 흙을 파고 묻다.	dig [dig] 동 파다 언니가 도끼로 흙을 파다.	foolish [fúːliʃ] 형 어리석은 도끼로 완두를 자르는 것은 어리석은 일이다. (칼로 해야지)
땅콩	embarrass [imbǽrəs] 동 당황하게 하다, 난처하게 하다 우유를 먹던 아기가 땅콩을 먹으라니 당황해한다.	save [seiv] 동 구하다, 저축하다 언니가 땅콩을 좋아한다. 땅콩을 팔아 저축하려고.	shy [ʃai] 형 수줍은, 부끄러워하는 완두가 땅콩 앞에 수줍은 모습으로 나타나다.
뜀틀	confuse [kənfjúːz] 동 혼동하다 아기가 뜀틀을 그네로 혼동하다.	relax [rilǽks] 동 긴장을 풀다, 늦추다 언니는 뜀틀에서 긴장이 이완된다.	avoid [əvɔ́id] 동 회피하다 완두가 뜀틀을 건너뛰다.
코끼리	force [fɔːrs] 명 힘, 병력 동 강요하다 아기를 코끼리에 태워 놀이를 강요하다.	seldom [séldəm] 부 좀처럼~않다 언니가 좀처럼 코끼리를 올라타지 못한다.	fool [fuːl] 명 바보 동 놀리다, 속이다 코끼리가 완두를 먹고 바보처럼 졸고 있다.
	아기	언니	완두

갈퀴	sink [siŋk] 동 가라앉다	lead [liːd] 동 인도하다	manage [mǽnidʒ] 동 경영하다, 해내다
	오리가 갈퀴에 타니 갈퀴가 물에 잠기다.	갈퀴가 양말 긁어모으기를 주로 인도하다.	갈퀴로 알밤을 저어주다. (말린다)
돛배	strange [streindʒ] 형 이상한, 낯선	incredible [inkrédəbəl] 형 믿을 수 없는, 엄청난	pass [pæs/pɑːs] 동 지나가다, 통과하다 합격하다
	오리가 배에 타니 물이 아니고 낯선 곳이네!	배에 양말을 엄청나게 많이 실었다.	알밤을 배에 싣고 지나가다.
독수리	negative [négətiv] 형 부정적인, 소극적인	arrive [əráiv] 동 도착하다	provide [prəváid] 동 공급하다, 규정하다
	오리와 독수리는 서로 부정적인 사이다.	독수리가 양말을 물고 도착하다.	독수리가 알밤을 많이 가져오다.
거위	awkward [ɔ́ːkwərd] 형 어색한, 서투른	reach [riːtʃ] 동 도착하다, 닿다	bring [briŋ] 동 가져오다, 데려오다
	오리가 거위를 보고 어색해한다.	거위가 양말을 물고 도착하다.	거위가 알밤을 가져오다.
막대기	nervous [nə́ːrvəs] 형 초조한, 신경이 과민한	depart [dipɑ́ːrt] 동 출발하다	hand [hænd] 명 손 동 건네주다, 주다
	오리 코를 막대로 치니 과민 반응을 하다.	양말을 신고 막대기를 들고 출발하다.	막대로 알밤을 까서 손에 쥐여주다.
	오리	양말	알밤

공	silent [sáilənt] 형 침묵의, 조용한	wonderful [wʌndərfəl] 형 놀랄 만한, 훌륭한	offer [ɔ́:fər/ɔ́f-] 동 제공하다
	공 위에 오리 집을 올리고 트리(x-mas)를 둘렀다.	공 위에 아름다운 양말이 올려져 있다.	공과 알밤을 제공해주고 비용을 받는다.
도끼	tired [taiərd] 형 피곤한, 싫증 난	alarm [əlɑ́:rm] 명 놀람, 경보 동 놀라게 하다, 경보하다	discover [diskʌ́vər] 동 발견하다, 알게 되다
	오리 등에 도끼를 얹으니 힘들어한다.	도끼가 양말에 경고하다. 찍으면 목이 잘린다.	도끼로 알밤을 까니 알밤이 나타난다.
땅콩	delay [diléi] 명 지연 동 지연시키다	appear [əpíər] 동 나타나다	lend [lend] 동 빌려주다, 제공하다
	오리가 땅콩밭에서 대소변을 보면서 지연되다.	양말에 땅콩을 담아 나타나다.	땅콩과 알밤을 빌려주고 이자를 받는다.
뜀틀	defeat [difí:t] 명 패배 동 패배시키다	disappear [dìsəpíər] 동 사라지다	hold [hould] 동 쥐다, 개최하다
	오리가 뜀틀에서 떨어지다. 실패하다.	양말을 뜀틀에 놓고 뛰었는데 사라져버렸다.	뜀틀 밑에서 알밤 먹기 대회를 개최하다.
코끼리	ashamed [əʃéimd] 형 부끄러워하는, 수줍어하는	surprise [sərpráiz] 명 놀람 동 놀라다	establish [istǽbliʃ] 동 창립하다, 설립하다
	오리가 코끼리 등에 타니 약간 미안하다.	코끼리에 양말을 신기니 놀라다.	알밤으로 코끼리를 먹일 농장을 설립하다.
	오리	양말	알밤

갈퀴	unlike [ʌnláik] 형 같지 않은 갈퀴와 옥수수는 겉모양이 같지 않다.	however [hauévər] 부 아무리~해도 접 그러나 아무리 갈퀴로 긁어도 위안화는 나오지 않는다.	earn [ə:rn] 동 벌다, 얻다 갈퀴로 유자를 모아서 돈을 벌다.
돛 배	different [dífərənt] 형 다른, 상이한 배의 색깔과 옥수수 색깔은 다르다.	without [wiðáut/wiθ-] 전 ~없이 배는 돈(위안화)이 없으면 타지 못한다.	leave [li:v] 동 떠나다, 남기다 배에 유자를 싣고 떠나다.
독 수 리	otherwise [ʌ́ðərwàiz] 부 다른 경우라면, 그렇지 않으면(if~not) 독수리가 옥수수를 먹지 않으면 굶어야 한다.	few [fju:] 형 수개의, 거의 없는 독수리는 위안화가 거의 없다.	conduct [kʌ́ndʌkt/kɔ́n-] 명 행위, 행동 독수리도 유자를 모으는 행동을 개시한다.
거 위	deny [dinái] 동 거절하다, 부인하다 거위가 옥수수 먹기를 거절하다.	unless [ənlés] 접 ~ 하지 않으면 (if~not) 거위가 먹지 않으면 굶긴다.	drive [draiv] 동 운전하다, 몰다 거위가 유자를 몰고 나가다.
막 대 기	dislike [disláik] 동 싫어하다, 미워하다 옥수수를 막대기로 치다, 잎이 찢어지니 싫어하다.	useless [jú:slis] 형 쓸모없는 막대기는 위안화에는 쓸모가 없다.	reuse [ri:jú:z] 동 다시 이용하다 막대기로 유자를 때리다. 재사용하기 위해.
	옥수수	**위안화**	**유자**

공	enemy [énəmi] 명 적, 원수	prevent [privént] 동 방해하다, 예방하다	recover [rikʌvər] 동 되찾다, 회복하다
	공 위에 옥수수가 올려져 있다. 좋은 사이인가 보다. (X)의 반대	공 위에 위안화를 붙여서 공 파는 것을 방해한다.	공 주위를 유자가 싸고 있어 원기를 회복하다.
도끼	against [əgénst/əgéinst] 전 ~에 반대하여, ~에 기대어	restrict [ristríkt] 동 제한하다, 한정하다	decide [disáid] 동 결심하다, 결정하다
	도끼는 옥수수에 반대하지만 찍지는 않는다.	도끼를 살 수 있는 돈은 위안화로 제한한다.	도끼로 유자나무 찍을 결심을 하다.
땅콩	instead [instéd] 부 그 대신에	break [breik] 동 부수다, 깨지다, 어기다.	return [ritə́:rn] 동 돌아오다, 돌려주다
	땅콩 대신에 옥수수나 가져가라.	땅콩밭에서 위안화를 찢다.	유자는 땅 위에서 땅콩은 땅 밑에서 돌아서 생산된다.
뜀틀	miss [mis] 동 놓치다, 그리워하다	hide [haid] 동 감추다, 숨다	continue [kəntínju:] 동 계속하다
	옥수수가 뜀틀에서 떨어지다.	뜀틀에 위안화를 숨기다.	뜀틀에서 유자가 계속 내려온다.
코끼리	fail [feil] 동 실패하다	opposite [ápəzit/-sit/ɔ́p-] 명 정반대, 맞은편 형 정반대의	preserve [prizə́:rv] 동 보존하다, 저장하다
	코끼리가 옥수수를 먹고 설사한다.(소화에 실패)	코끼리 반대편에 위안화를 던진다.	코끼리가 유자를 저장한다.
	옥수수	위안화	유자

갈퀴	divide [diváid] 동 나누다, 쪼개다	real [ríːəl/ríəl] 형 실제의, 진짜의	least [liːst] 형 가장 적은, 최소한의
	주차장에 있는 갈퀴를 쪼개서 버리다.	갈퀴도 장구놀이에 실제로 동원된다.	장님이 갈퀴질하는 경우는 거의 없다.
돛배	repair [ripέər] 동 수선하다	load [loud] 명 짐, 부담 동 짐을 싣다	less [les] 형 더 적은 부 더 적게
	주차장에 세워져 있는 배를 수선하다.	장구놀이 마당 짐을 배에 싣다.	장님이 혼자서 배를 타는 경우는 거의 없도록 조정한다.
독수리	extend [iksténd] 동 뻗다, 늘이다	actually [ǽktʃuəli] 부 실제로, 정말로	especially [ispéʃəli/es-] 부 특별히
	주차장에 있는 독수리 집을 늘리다.	장구놀이에 독수리가 실제로 출연한다.	장님은 특별한 경우에는 독수리를 동행한다.
거위	reduce [ridjúːs] 동 줄이다, 감소하다	careful [kέərfəl] 형 주의 깊은, 조심성 있는	common [kάmən/kɔ́m-] 형 공통의, 일반의
	주차장에 있는 거위의 집을 줄이다.	장구놀이 마당에 거위를 조심스럽게 데리고 가다.	장님은 일반적으로 거위를 길잡이로 몰고 다닌다.
막대기	rise [raiz] 동 오르다, 일어서다	direct [dirékt/dai-] 형 똑바른, 직접의 동 지시하다	main [mein] 형 주요한
	차가 들어오면 주차장 막대기가 올라온다.	장구 손잡이로 장구를 직접 치다.	막대는 장님에게는 주요한 장비이다.
	주차장	장구	장님

공	progress [prάgres/próu-] 몡 진보, 진행 동 진보하다, 진행하다	content [kάntent] 몡 내용, 차례 형 만족한	importance [impɔ́:rtəns] 몡 중요성
	주차장에 있는 공은 새것으로 개선한다.	장구놀이 내용을 공 위에 잘 새겨 넣어라.(공에 표시)	공은 장님에게는 주요 자산이다.
도끼	improve [imprú:v] 동 개선하다, 나아가다	equal [í:kwəl] 형 같은, 균등한, 평등한 동 ~이 같다	enough [inʌf] 형 충분한 부 충분히
	주차장에 있는 도끼를 잘 갈아서 개선하다.	도낏자루로 장구를 치니 장구채와 동일한 효과가 있다.	장님에게는 도끼도 여러 자루 많이 주어라.
땅콩	add [æd] 동 더하다	honest [άnist/ɔ́n-] 형 정직한	plenty [plénti] 몡 풍부
	주차장의 땅콩 주위를 더 늘려주다.	장구놀이 마당 계산을 땅콩으로 정직하게 해주다.	장님에게는 땅콩을 풍부하게 주어라.
뜀틀	fix [fiks] 동 고치다, 수선하다	indeed [indí:d] 부 정말로	deep [di:p] 형 깊은 부 깊게
	주차장에 있는 뜀틀을 수선해주다.	뜀틀에서도 장구놀이를 하며 정말로 잘 놀았다.	장님이 뜀틀을 뛰기 위해 깊은 고민에 빠졌다.
코끼리	recognize [rékəgnàiz] 동 인정하다, 알아보다	engage [ingéidʒ] 동 고용하다, 약속하다	proud [praud] 형 자랑스러운, 오만한
	주차장에 있는 코끼리를 그대로 인정해주다.	장구놀이 마당에 코끼리를 실제 고용하다.	장님이 코끼리 위에 올라탄 뒤 자랑스러워한다.
	주차장	장구	장님

갈퀴	environment [inváiərənmənt] 몡 환경	tough [tʌf] 혱 단단한, 질긴	debate [dibéit] 몡 논쟁 동 논쟁하다
	갈퀴에 장대를 올리니 갈퀴가 감싸준다. (환경에 영향이 없다)	자라 등을 갈퀴로 긁어도 단단해서 끄떡도 없다.	장미꽃을 갈퀴 위에 놓고 논쟁하다.
돛배	contrast [kəntrǽst/trάːst] 몡 대조 동 대조하다	sleep [sliːp] 몡 잠 동 자다	explain [ikspléin] 동 설명하다
	장대를 배에 걸쳐놓으니 대조가 된다.	자라가 배에서 잠들다.	배에서 장미에 관하여 설명하다.
독수리	narrow [nǽrou] 형 좁은, 한정된	tightly [táitli] 부 단단히	mix [miks] 동 섞다, 섞이다
	장대를 좁은 도로에 끌 때는 독수리가 쓰인다.	자라가 나타나니 독수리가 나와서 발로 단단히 누르고 있다.	독수리가 장미 삽목을 섞어서 꽂는다.
거위	wide [waid] 형 넓은 부 널리	immediately [imíːdiətli] 부 곧, 즉시	consist [kənsíst] 동 구성하다, ~으로 이루어지다
	장대를 넓은 도로에 끌 때는 거위가 쓰인다.	자라가 나타나니 거위가 즉시 달려온다.	거위가 장미 삽목을 물어 오다. (여러 색깔)
막대기	exist [igzíst] 동 존재하다	yawn [jɔːn] 동 하품하다	apart [əpάːrt] 부 떨어져서, 따로
	장대와 막대기는 서로 존재 이유가 있다.	자라를 막대로 치니 하품을 한다.	장미와 막대는 별 상관이 없어 떨어져 있다.
	장대	자라	장미

공	reason [ríːzn] 명 이유	hastily [héistili] 부 급히, 서둘러서	first [fəːrst] 명 첫째, 제 1, 첫 번째 형 첫 번째의, 제 1의
	장대로 공을 막아주니 공이 굴러갈 이유가 없다.	자라가 성급하게 공 위로 올라가려다 떨어지다.	공 위에 올려놓은 장미가 최고이다.
도끼	tame [teim] 형 길든, 온순한	extreme [ikstríːm] 형 극도의, 과격한	finally [fáinəli] 부 최후로, 마침내
	도끼로 장대를 깎아본 길든 손길이다.	도끼로 자라 등을 찍다.	마침내 도끼로 장미를 잘라내다.
땅콩	rapid [ræpid] 형 빠른	fit [fit] 동 ~에 맞다, 맞추다	comment [kɑ́ment/kɔ́m-] 동 논평하다
	장대에 땅콩 주머니를 여러 개 달아서 빨리 처분하라.	자라의 식사 시간에 맞춰서 땅콩밭에 오다.	땅콩밭에서 장미에 대한 논평을 하다.
뜀틀	wild [waild] 형 야생의, 난폭한	rush [rʌʃ] 명 돌진, 분주 동 돌진하다, 분주하다	combine [kəmbáin] 동 결합하다, 겸하다
	뜀틀 사이에 장대를 꽂으니 거친 야생의 맛이 난다.	자라가 뜀틀에서 돌진하여 뛰어내리다.	장미꽃을 뜀틀에 결합하다.
코끼리	express [iksprés] 명 급행열차, 속달	extra [ékstrə] 명 여분의 것 형 여분의	insist [insíst] 동 주장하다, 강력히 요구하다
	코끼리에 장대를 걸치고 등에 신속히 올라간다.	코끼리 쇼에 자라는 실세가 아닌 것으로 참석한다.	코끼리도 자기주장을 편다.
	장대	자라	장미

갈퀴	yell [jel] 동 외치다	rule [ru:l] 명 규칙, 습관 동 규정하다	own [oun] 형 자기 자신의 동 소유하다
	갈퀴로 제비를 치다.	갈퀴 위에 주판, 주판 위에 규정집.	갈퀴도 저울을 소유할 수 있다.
돛배	noise [nɔiz] 명 소음	several [sévərəl] 형 여럿의, 몇 사람의	portable [pɔ́:rtəbəl] 형 휴대용의
	배에 제비들이 와서 시끄럽게 떠든다.	배를 타니 주판을 들고 계산하는 사람이 여러 명 있다.	배에는 휴대용 저울만 가져간다.
독수리	angry [ǽŋgri] 형 화난	trace [treis] 명 자취, 발자국	pitch [pitʃ] 동 던지다
	독수리는 제비를 보고 화를 낸다.	독수리가 주판을 물고 눈길에 발자국을 남기고 간다.	독수리가 저울을 던지다.
거위	loud [laud] 형 큰 목소리의, 시끄러운	movement [mú:vmənt] 명 운동, 움직임	receive [risí:v] 동 받다
	거위가 제비를 보고 큰 소리로 반가워하다.	주판을 들고 거위가 운동을 한다.	거위가 저울을 받다.
막대기	predict [pridíkt] 동 예언하다	chat [tʃæt] 명 잡담 동 잡담하다	throw [θrou] 동 던지다
	막대로 제비 머리를 때리며 죽음을 예언하다.	막대로 주판을 때리니 탁탁 소리가 난다.	막대기를 저울 위에 던지다.
	제비	주판	저울

공	saying [séiiŋ] 명 말하기, 속담 공 위에서 제비들이 말하고 있다.	idea [aidí:ə] 명 생각, 관념 공 위에 주판, 주판 위에 암산.(생각)	selfish [sélfiʃ] 형 이기적인 저울에 공을 달아보고 가장 좋은 것을 골라 가는 것이 이기적인가?
도끼	refer [rifə:r] 동 언급하다, 참조하다 도끼는 제비에 관해 언급할 가치가 없다.	sign [sain] 명 신호, 표시 동 신호하다, 서명하다 도끼로 주판을 찍으니 표시가 선명하다.	itself [itsélf] 대 그 자신, 그 자신을 도끼 그 자신의 무게를 저울에 달아본다.
땅콩	volume [válju:m/vɔ́l-] 명 음량, 용량 땅콩밭에서 제비들이 음량을 높여 떠들어댄다.	grammar [grǽmər] 명 문법 땅콩 위에 주판, 주판 위에 문법 책.	share [ʃɛər] 명 몫, 주식 동 나누다 땅콩밭에서 일한 사람들의 몫을 저울에 달아준다.(땅콩으로)
뜀틀	speech [spi:tʃ] 명 말, 연설 뜀틀에서 제비들을 모아서 연설을 시켜본다.	law [lɔ:] 명 법률, 규격 뜀틀 위에 주판을 올리고 그 위에 법률 책을 놓다.	each [i:tʃ] 형 각각의, 각자의 대 각각 뜀틀에서 각각의 몸무게를 저울에 단다.
코끼리	pop [pɑp/pɔp] 명 대중음악 형 대중적인 동 펑 소리가 나다, 탁 튀다 제비가 코끼리 등에 앉아 노래를 부르다.	notice [nóutis] 명 주의, 통지, 벽보 코끼리 등에 광고를 올리고 주판을 그 위에 올려놓다.	personal [pə́:rsənl] 형 개인의, 인간적인 코끼리에게도 인간과 같은 저울을 사용한다.
	제비	주판	저울

갈퀴	usually 〔júːʒuəli/-ʒwəli〕 부 보통, 대개		
돛배	mostly 〔móustli〕 부 대개, 대부분		
독수리	almost 〔ɔ́ːlmoust〕 부 거의		
거위	perhaps 〔pərhǽps〕 부 아마		
막대기	maybe 〔méibiː〕 부 아마 [순서대로 외울 것]		
	정자		

공	afterward [ǽftərwərd] 부 후에, 나중에		
도끼	forward [fɔ́:rwərd] 부 앞쪽에, 앞으로		
땅콩	ahead [əhéd] 부 앞으로, 앞에		
띔틀	during [djúəriŋ] 전 ~동안, ~하는 중		
코끼리	while [hwail] 전 ~하는 동안		
정자			

제3장 | 3차원 기억술 적용사례

앞에서 공부한 대로 기억술의 원리를 적용하여 헌법 130조를 기억해보자.

〈헌법〉

제1장 총강

〔국호, 정체, 국체, 국민주권〕

제 1 조 ① 대한민국은 민주공화국이다.

② 대한민국의 주권은 국민에게 있고, 모든 권력은 국민으로부터 나온다.

> 제 1 조 : (참치-막대기-국호 정체 국체, 국민주권)
> ① 대한민국-민주공화국
> ② 주권-국민-모든 권력-국민

〔국민의 요건, 재외국인보호〕

제 2 조 ① 대한민국의 국민이 되는 요건은 법률로 정한다.

② 국가는 법률이 정하는 바에 의하여 재외국민을 보호할 의무를 진다.

> 제 2 조 : (참치-거위-국민요건)
> ① 국민요건-법률
> ② 재외국민 보호의무

〔영토〕

제 3 조   대한민국의 영토는 한반도와 그 부속도서로 한다.

> 제 3 조 : (참치-독수리-영토(독수리가 날아다닌다))
> * 영토-한반도, 부속도서

〔평화통일정책〕

제 4 조   대한민국은 통일을 지향하며, 자유민주적 기본질서에 입각한 평화적 통일 정책을 수립하고 이를 추진한다.

> 제 4 조 : (참치-돛배-평화통일정책(배가 남북을 오가다))
> * 자유민주적 기본질서에 입각
> * 평화통일정책 추진

〔침략전쟁의 부인, 국군의 사명과 정치적 중립성〕

제 5 조   ① 대한민국은 국제평화의 유지에 노력하고 침략적 전쟁을 부인한다.

② 국군은 국가의 안전보장과 국토방위의 신성한 의무를 수행함을 사명으로 하며, 그 정치적 중립성은 준수된다.

> 제5조: (참치-갈퀴-국군의 사명(갈퀴와 군복 색깔 동일))
> ① 침략전쟁 부인
> ② 국군의 사명 : 국가의 안전 보장, 국토방위, 정치적 중립

[조약과 국제법규의 효력, 외국인의 법적 지위]

제6조 ① 헌법에 의하여 체결·공포된 조약과 일반적으로 승인된 국제법규는 국내법과 같은 효력을 가진다.
② 외국인은 국제법과 조약이 정하는 바에 의하여 그 지위가 보장된다.

> 제6조: (참치-코끼리-조약, 국제법, 외국인 법적 지위(코끼리 등에 외국인이 타다))
> ① 헌법에 의해 체결 공포된 조약, 일반적으로 승인된 국제법 —국내법과 같은 효력
> ② 외국인 : 국제법, 조약 지위 보장

[공무원의 지위, 책임, 신분, 정치적 중립성]

제7조 ① 공무원은 국민전체에 대한 봉사자이며, 국민에 대하여 책임을 진다.
② 공무원의 신분과 정치적 중립성은 법률이 정하는 바에 의하여 보장된다.

> 제7조: (참치-뜀틀-공무원 지위, 책임, 신분, 정치적 중립(뜀틀에 오르는 것이 공무원이 되는 것이다))
> ① 공무원 국민전체에 대한 봉사자, 국민에 대한 책임

② 공무원, 지위, 정치적 중립성을 법률로 보장

〔정당〕

제 8 조　① 정당의 설립은 자유이며, 복수정당제는 보장된다.
　　　　② 정당은 그 목적, 조직과 활동이 민주적이어야 하며, 국민의 정치적 의사형성에 참여하는 데 필요한 조직을 가져야 한다.
　　　　③ 정당은 법률이 정하는 바에 의하여 국가의 보호를 받으며, 국가는 법률이 정하는 바에 의하여 정당운영에 필요한 자금을 보조할 수 있다.
　　　　④ 정당의 목적이나 활동이 민주적 기본질서에 위배될 때에는 정부는 헌법재판소에 그 해산을 제소할 수 있고, 정당은 헌법재판소의 심판에 의하여 해산된다.

> 제 8 조 : (참치-땅콩-정당)
> ① 복수정당제 보장(땅콩 두 쪽)
> ② 국민의 정치적 의사형성에 필요한 조직이 있어야 함
> 　(땅콩 뿌리)
> ③ 정당 운영에 필요한 자금(땅콩 키우는 데 드는 비료)
> ④ 헌법 재판소에 제소-헌법재판소 심판-정당해산
> 　(땅콩을 뽑아버림)

〔문화의 계승, 발전, 창달〕

제 9 조　국가는 전통문화의 계승·발전과 민족문화의 창달에 노력하여야 한다.

> 제 9 조 : (참치-도끼-전통문화 계승 발전-도끼에 빨간 줄을 감다)

> • 전통문화 계승 발전, 민족문화 창달

제2장 국민의 권리와 의무

〔기본적 인권의 보장〕

제 10 조   모든 국민은 인간으로서의 존엄과 가치를 가지며, 행복을 추구할 권리를 가진다. 국가는 개인이 가지는 불가침의 기본적 인권을 확인하고 이를 보장할 의무를 진다.

> 제 10 조 : (참치—공—기본적 인권보장(공—찌그러진 곳이 없이 보장—인권보장))
> • 인간으로서 존엄과 가치
> • 행복을 추구할 권리
> • 국가는 개인이 가지는 불가침의 기본적 인권을 보장할 의무

〔평등권, 특수계급제도의 부인, 영전의 효력〕

제 11 조   ① 모든 국민은 법 앞에 평등하다. 누구든지 성별·종교 또는 사회적 신분에 의하여 정치적·경제적·사회적·문화적 생활의 모든 영역에 있어서 차별을 받지 아니한다.

② 사회적 특수계급의 제도는 인정되지 아니하며, 어떠한 형태로도 이를 창설할 수 없다.

③ 훈장 등의 영전은 이를 받은 자에게만 효력이 있고, 어떠한 특권도 이에

따르지 아니한다.

> 제 11 조 : (축구-막대기-평등권(11-막대기))
>   ① 법 앞에 평등-성별, 종교, 정치적 경제적 사회적 문화적 생활의 모든 영역
>   ② 사회적 특수계급-불인정
>   ③ 영전

〔신체의 자유, 자백의 증거능력〕

제 12 조 ① 모든 국민은 신체의 자유를 가진다. 누구든지 법률에 의하지 아니하고는 체포, 구속, 압수, 수색 또는 심문을 받지 아니하며, 법률과 적법한 절차에 의하지 아니하고는 처벌·보안처분 또는 강제노역을 받지 아니한다.

② 모든 국민은 고문을 받지 아니하며, 형사상 자기에게 불리한 진술을 강요당하지 아니한다.

③ 체포·구속·압수 또는 수색을 할 때에는 적법한 절차에 따라 검사의 신청에 의하여 법관이 발부한 영장을 제시하여야 한다. 다만, 현행범인인 경우와 장기 3년 이상의 형에 해당하는 죄를 범하고 도피 또는 증거인멸의 염려가 있을 때에는 사후에 영장을 청구할 수 있다.

④ 누구든지 체포 또는 구속을 당한 때에는 즉시 변호인의 조력을 받을 권리를 가진다. 다만, 형사피고인이 스스로 변호인을 구할 수 없을 때에는 법률이 정하는 바에 의하여 국가가 변호인을 붙인다.

⑤ 누구든지 체포 또는 구속의 이유와 변호인의 조력을 받을 권리가 있음을 고지받지 아니하고는 체포 또는 구속을 당하지 아니한다. 체포 또는 구속을 당한 자의 가족 등 법률이 정하는 자에게는 그 이유와 일시, 장소가 지체없이 통지되어야 한다.

⑥ 누구든지 체포 또는 구속을 당한 때에는 적부의 심사를 법원에 청구할 권리를 가진다.

⑦ 피고인의 자백이 고문·폭행·협박·구속의 부당한 장기화 또는 기망 기타의 방법에 의하여 자의로 진술된 것이 아니라고 인정될 때 또는 정식

재판에 있어서 피고인의 자백이 그에게 불리한 유일한 증거일 때에는 이를 유죄의 증거로 삼거나 이를 이유로 처벌할 수 없다.

> 제 12 조 : (축구-거위-신체의 자유, 자백의 증거능력)
> ※ 축구-거위-stage로 1,000개의 단어를 대입하여 기억하였는데, 이 stage 한 단어는 아파트 한 채의 이름이다. 따라서 이 아파트에는 공부방, 안방, 침실 등 3개의 방과 거실, 조리실 등이 있다. 많은 항목이 한 개 조문에 연결되면 아파트의 공부방과 거실 물품들을 활용하여 기억술로 연결한다. 이 조문도 7개의 항목으로 되어 있어 공부방을 활용하여 기억한다. 우선, 공부방에는 보통 공통적으로 붙어 있는 기본적인 것이 있다. ① 시계 ② 달력 ③ PC ④ 책상 ⑤ 의자, 이 5가지는 공통으로 하고, 나머지 5개는 자신이 만들어 활용한다. 나는 ⑥ 전등 ⑦ 전화기 ⑧ 책장 ⑨ 액자 ⑩ 화장대로 한다. 10개 항목이 넘으면 거실로 넓혀서 ① TV ② 냉장고 ③ 세탁기 ④ 보온밥통 ⑤ 조리실은 기본으로 하고, 나머지는 자신이 정하여 추가한다.
>
> ① 전등-체포 구속 압수 수색 심문을 받지 않는다.
>   (법률에 의하지 않고)-투명성
>   처벌, 보안 처분 강제노역 불가
>   (법적 절차에 의하지 않고)-투명성
> ② 책상-진술서 쓰라-불리한 진술 거부(묵비권 행사)
> ③ 의자-영장제시
> ④ 달력-변호사 선임권
> ⑤ 시계-구속적부심
> ⑥ PC-가족에게 이유, 시간, 장소 알릴 것
> ⑦ 전화기-자백의 증거 능력

〔형벌불소급, 일사부재리의 원칙, 소급입법의 금지, 연좌제 금지〕

제 13 조   ① 모든 국민은 행위시의 법률에 의하여 범죄를 구성하지 아니하는 행위로 소추되지 아니하며, 동일한 범죄에 대하여 거듭 처벌받지 아니한다.

② 모든 국민은 소급입법에 의하여 참정권의 제한을 받거나 재산권을 박탈당하지 아니한다.

③ 모든 국민은 자기의 행위가 아닌 친족의 행위로 인하여 불이익한 처우를 받지 아니한다.

> 제 13 조 : (축구-독수리-형벌불소급, 일사부재리-소급입법 금지, 연좌제 금지)-신체의 자유에 추가 항목임(외부환경)
> ① 시계-형벌불소급(시간을 거꾸로 돌린다), 일사부재리
> ② 달력-소급입법 금지
> ③ PC-MAIL-친척-연좌제 금지

〔거주·이전의 자유〕

제 14 조 모든 국민은 거주 이전의 자유를 가진다.

> 제 14 조 : (축구-돛배-거주 이전의 자유-배 타고 자유로이 돌아다 닌다)
> • 거주 이전의 자유

〔직업선택의 자유〕

제 15 조 모든 국민은 직업선택의 자유를 가진다.

> 제 15 조 : (축구-갈퀴-직업선택의 자유-갈퀴로 아무 데서나 긁어 모으다-직업)
> • 직업선택의 자유

〔주거의 자유〕

제 16 조　모든 국민은 주거의 자유를 침해받지 아니한다. 주거에 대한 압수나 수색을 할 때에는 검사의 신청에 의하여 법관이 발부한 영장을 제시하여야 한다.

> 제 16 조 : (축구-코끼리-주거의 자유-코끼리는 집이 있어야 새끼를 키운다)
> • 주거의 자유

〔사생활의 자유〕

제 17 조　모든 국민은 사생활의 비밀과 자유를 침해받지 아니한다.

> 제 17 조 : (축구-뜀틀-사생활의 자유-뜀틀에서 파자마를 입고 뛴다(유니폼이 아닌))
> • 사생활의 자유

〔통신의 자유〕

제 18 조　모든 국민은 통신의 비밀을 침해받지 아니한다.

> 제 18 조 : (축구-땅콩-통신의 자유-땅콩밭에서 축구하는데 핸드폰이 울리다)
> • 통신의 자유

〔양심의 자유〕

제 19 조　모든 국민은 양심의 자유를 가진다.

> 제 19 조 : (축구-도끼-양심의 자유-도끼로 축구공을 찍어서 자르는 것은 자유이니 알아서 하라)
> • 양심의 자유

〔종교의 자유〕

제 20 조　① 모든 국민은 종교의 자유를 가진다.
　　　　　② 국교는 인정되지 아니하며, 종교와 정치는 분리된다.

> 제 20 조 : (축구-공-종교의 자유-공 옆에 연등을 같이 달다)
> ① 종교의 자유
> ② 국교불인정, 정치 종교는 분리

〔언론·출판·집회·결사의 자유〕

제 21 조　① 모든 국민은 언론·출판의 자유와 집회·결사의 자유를 가진다.
　　　　　② 언론·출판에 대한 허가나 검열과 집회·결사에 대한 허가는 인정되지 아니한다.
　　　　　③ 통신·방송의 시설기준과 신문의 기능을 보장하기 위하여 필요한 사항은 법률로 정한다.
　　　　　④ 언론·출판은 타인의 명예나 권리 또는 공중도덕이나 사회윤리를 침해하여서는 아니된다. 언론·출판이 타인의 명예나 권리를 침해한 때에는 피해자는 이에 대한 피해의 배상을 청구할 수 있다.

> 제 21 조 : (청년-막대기-언론, 출판, 집회, 결사의 자유-청년들이 막대기를 들고 데모한다)
> ① 언론 출판의 자유, 집회 결사의 자유
> ② 언론 출판의 허가 검열 불가, 집회 결사의 허가 불가
> ③ 통신 방송 시설기준, 신문의 기능 보장, 법률로 정한다
> ④ 언론 출판, 타인의 명예, 권리, 공중도덕, 사회윤리 침해 불가

〔학문과 예술의 자유〕

제 22 조 ① 모든 국민은 학문과 예술의 자유를 가진다.
② 저작자·발명가·과학기술자와 예술가의 권리는 법률로써 보호한다.

> 제 22 조 : (청년-거위-학문과 예술의 자유-거위를 데리고 학교로 간다)
> ① 학문과 예술의 자유
> ② 저작자, 발명가, 과학기술자, 예술가의 권리 보호

〔재산권의 보장과 제한〕

제 23 조 ① 모든 국민의 재산권은 보장된다. 그 내용과 한계는 법률로 정한다.
② 재산권의 행사는 공공복리에 적합하도록 하여야 한다.
③ 공공필요에 의한 재산권의 수용, 사용 또는 제한 및 그에 대한 보상은 법률로써 하되, 정당한 보상을 지급하여야 한다.

> 제 23 조 : (청년-독수리-재산권의 보장과 제한-독수리를 데리고 논으로 간다)

> ① 재산권의 보장, 내용과 한계는 법률로 보장
> ② 재산권의 행사, 공공복리
> ③ 공공의 필요에 의한 수용, 사용, 제한, 보상, 법률로 정하되 정당한 보상 지급

〔선거권〕

제 24 조 모든 국민은 법률이 정하는 바에 의하여 선거권을 가진다.

> 제 24 조 : (청년-돛배-선거권-배 타고 선거하러 간다)
>   • 선거권

〔공무담임권〕

제 25 조 모든 국민은 법률이 정하는 바에 의하여 공무담임권을 가진다.

> 제 25 조 : (청년-갈퀴-공무담임권-갈퀴살의 균형-공무원 담당)

〔청원권〕

제 26 조 ① 모든 국민은 법률이 정하는 바에 의하여 국가기관에 문서로 청원할 권리를 가진다.

② 국가는 청원에 대하여 심사할 의무를 진다.

> 제 26 조 : (청년-코끼리-청원권-코끼리가 무릎을 꿇다)
> ① 국가기관에 문서로 청원할 권리
> ② 심사의 의무

〔재판을 받을 권리, 무죄의 추정, 진술〕

제 27 조 ① 모든 국민은 헌법과 법률이 정한 법관에 의하여 법률에 의한 재판을 받을 권리를 가진다.

② 군인 또는 군무원이 아닌 국민은 대한민국의 영역 안에서는 중대한 군사상 기밀, 초병, 초소, 유독음식물공급, 포로, 군용물에 관한 죄 중 법률이 정한 경우와 비상계엄이 선포된 경우를 제외하고는 군사법원의 재판을 받지 아니한다.

③ 모든 국민은 신속한 재판을 받을 권리를 가진다. 형사피고인은 상당한 이유가 없는 한 지체없이 공개재판을 받을 권리를 가진다.

④ 형사피고인은 유죄의 판결이 확정될 때까지는 무죄로 추정된다.

⑤ 형사피해자는 법률이 정하는 바에 의하여 당해 사건의 재판절차에서 진술할 수 있다.

> 제 27 조 : (청년-뜀틀-재판을 받을 권리-뜀틀에서 경쟁-재판)
> ① 시계 : 헌법과 법률이 정한 법관에 의해 재판받을 권리
> ② 달력 : 군사재판 불가
> ③ PC : 신속히 재판 받을 권리, 형사 피고인 지체없이 공개 재판 받을 권리
> ④ 의자 : 무죄 추정
> ⑤ 책상 : 재판 절차에서 진술할 수 있다

〔형사보상〕

제 28 조 형사피의자 또는 형사피고인으로서 구금되었던 자가 법률이 정하는 불기소 처분을 받거나 무죄판결을 받은 때에는 법률이 정하는 바에 의하여 국가에 정당한 보상을 청구할 수 있다.

> 제 28 조 : (청년―땅콩―형사보상)
> - 형사보상

〔국가 · 공공단체의 배상책임〕

제 29 조 ① 공무원의 직무상 불법행위로 손해를 받은 국민은 법률이 정하는 바에 의하여 국가 또는 공공단체에 정당한 배상을 청구할 수 있다. 이 경우 공무원 자신의 책임은 면제되지 아니한다.

② 군인 · 군무원 · 경찰공무원 기타 법률이 정하는 자가 전투 · 훈련 등 직무집행과 관련하여 받은 손해에 대하여는 법률이 정하는 보상 외에 국가 또는 공공단체에 공무원의 직무상 불법행위로 인한 배상은 청구할 수 없다.

> 제 29 조 : (청년―도끼―국가, 공공단체 배상책임―도끼로 국가, 공공단체 책임을 묻다)
> ① 공무원의 공무상 불법행위로 손해를 받은 국민, 국가 공공단체에 정당한 배상 청구
> ② 군인, 군무원, 경찰공무원, 기타 법률이 정하는 자, 전투, 훈련, 직무집행상 받은 손해, 법률이 정한 보상 외에는 불가

〔국가 구조를 받을 권리〕

제 30 조 타인의 범죄행위로 인하여 생명·신체에 대한 피해를 받은 국민은 법률이 정하는 바에 의하여 국가로부터 구조를 받을 수 있다.

> 제 30 조 : (청년-공-국가구조를 받을 권리)
> - 타인의 범죄행위로 인한 생명, 신체에 대한 피해를 받은 국민

〔교육을 받을 권리·의무, 평생교육의 진흥〕

제 31 조 ① 모든 국민은 능력에 따라 균등하게 교육을 받을 권리를 가진다.
② 모든 국민은 그 보호하는 자녀에게 적어도 초등교육과 법률이 정하는 교육을 받게 할 의무를 진다.
③ 의무교육은 무상으로 한다.
④ 교육의 자주성·전문성·정치적 중립성 및 대학의 자율성은 법률이 정하는 바에 의하여 보장된다.
⑤ 국가는 평생교육을 진흥하여야 한다.
⑥ 학교교육 및 평생교육을 포함한 교육제도와 그 운영, 교육재정 및 교원의 지위에 관한 기본적인 사항은 법률로 정한다.

> 제31 조 : (복숭아-막대기-교육을 받을 권리, 의무, 평생교육의 진흥-복숭아는 당근, 막대기는 채찍으로 생각할 것)
> ① 모든 국민은 균등하게 교육을 받을 권리(시계)
> ② 자녀에게 초등교육과 법률이 정하는 교육을 받게 할 의무를 진다(책상)
> ③ 의무교육은 무상(의자)
> ④ 교육의 자주성, 전문성, 정치적 중립성, 대학의 자율성 보장(PC)
> ⑤ 평생교육 진흥(달력)

> ⑥ 교육제도·교육재정·교원의 지위는 법률로 정한다(전화기)

〔근로의 권리·의무, 최저임금제, 여자와 연소자의 보호, 국가유공자에 대한 기회 우선〕

제 32 조 ① 모든 국민은 근로의 권리를 가진다. 국가는 사회적·경제적 방법으로 근로자의 고용의 증진과 적정임금의 보장에 노력하여야 하며, 법률이 정하는 바에 의하여 최저임금제를 시행하여야 한다.

② 모든 국민은 근로의 의무를 진다. 국가는 근로의 의무의 내용과 조건을 민주주의 원칙에 따라 법률로 정한다.

③ 근로조건의 기준은 인간의 존엄성을 보장하도록 법률로 정한다.

④ 여자의 근로는 특별한 보호를 받으며, 고용·임금 및 근로조건에 있어서 부당한 차별을 받지 아니한다.

⑤ 연소자의 근로는 특별한 보호를 받는다.

⑥ 국가유공자·상이군경 및 전몰군경의 유가족은 법률이 정하는 바에 의하여 우선적으로 근로의 기회를 부여받는다.

> 제 32 조 : (복숭아−거위−근로의 권리, 의무, 최저임금제, 여자와 청소년의 보호, 국가유공자−거위가 복숭아를 따다)
> ① 모든 국민 근로의 권리−최저 임금제 시행(시계)
> ② 근로의 의무를 진다−민주주의 원칙에 따라(근로의 의무, 내용, 조건을)(책상)
> ③ 근로조건의 기본−인간의 존엄성이 보장되도록 법률로 정한다(의자)
> ④ 여자의 근로−부당한 차별 금지(PC)
> ⑤ 연소자 근로(달력)
> ⑥ 국가유공자 근로−우선적으로 근로 기회 부여(전화)

〔근로자의 단결권 등〕

제 33 조 ① 근로자는 근로조건의 향상을 위하여 자주적인 단결권·단체교섭권 및 단체행동권을 가진다.

② 공무원인 근로자는 법률이 정하는 자에 한하여 단결권·단체교섭권 및 단체행동권을 가진다.

③ 법률이 정하는 주요방위산업체에 종사하는 근로자의 단체행동권은 법률이 정하는 바에 의하여 이를 제한하거나 인정하지 아니할 수 있다.

> 제 33 조 : (천도복숭아-독수리-근로자 단결권 등-천도복숭아를 많이 획득하기 위해 독수리는 단결권을 갖는다)
> ① 근로조건 향상을 위한 자주적 단결권, 단체교섭권, 단체행동권을 가짐
> ② 공무원인 근로자-법률이 정하는 자에 한하여-단결권, 단체교섭권, 단체행동권을 가짐
> ③ 방위산업체 근로자-단체행동권 제한

〔사회보장〕

제 34 조 ① 모든 국민은 인간다운 생활을 할 권리를 가진다.

② 국가는 사회보장·사회복지의 증진에 노력할 의무를 진다.

③ 국가는 여자의 복지와 권익의 향상을 위하여 노력하여야 한다.

④ 국가는 노인과 청소년의 복지향상을 위한 정책을 실시할 의무를 진다.

⑤ 신체장애자 및 질병·노령 기타의 사유로 생활능력이 없는 국민은 법률이 정하는 바에 의하여 국가의 보호를 받는다.

⑥ 국가는 재해를 예방하고 그 위험으로부터 국민을 보호하기 위하여 노력하여야 한다.

> 제 34 조 : (천도복숭아-돛배-사회보장-천도복숭아를 배에 싣고 다니면서 나누어 주다)

> ① 인간다운 생활을 할 권리(시계)
> ② 국가는 사회보장, 사회복지 증진에 의무(책상)
> ③ 여자(PC)
> ④ 노인과 청소년(전화기)
> ⑤ 신체장애자 및 질병 노령 등 생활능력이 없는 국민(의자)
> ⑥ 재해예방과 국민보호(달력)

〔환경권, 주택개발정책〕

제 35 조　① 모든 국민은 건강하고 쾌적한 환경에서 생활할 권리를 가지며, 국가와 국민은 환경보전을 위하여 노력하여야 한다.

　　　　　② 환경권의 내용과 행사에 관하여는 법률로 정한다.

　　　　　③ 국가는 주택개발정책 등을 통하여 모든 국민이 쾌적한 주거생활을 할 수 있도록 노력하여야 한다.

> 제 35 조 : (천도복숭아–갈퀴–환경권, 주택개발 정책 등)
> ① 건강하고 쾌적한 환경에서 생활할 권리, 국가와 국민, 환경보전에 노력
> ② 환경권의 내용과 행사, 법률로 정한다.
> ③ 국가–주택개발정책–쾌적한 주거생활

〔혼인과 가족생활, 모성과 국민보건의 보호〕

제 36 조　① 혼인과 가족생활은 개인의 존엄과 양성의 평등을 기초로 성립되고 유지되어야 하며, 국가는 이를 보장한다.

　　　　　② 국가는 모성의 보호를 위하여 노력하여야 한다.

③ 모든 국민은 보건에 관하여 국가의 보호를 받는다.

> 제 36 조 : (천도복숭아−코끼리−혼인과 가족생활, 모성과 국민보건 보호−코끼리가 천도복숭아로 새끼를 기른다−가족)
> ① 개인 존엄성, 양성 평등을 기초로 성립
> ② 국가는 모성 보호 노력
> ③ 보건

〔국민의 권리와 자유의 존중 · 제한〕

제 37 조 ① 국민의 자유와 권리는 헌법에 열거되지 아니한 이유로 경시되지 아니한다.
② 국민의 모든 자유와 권리는 국가안전보장, 질서유지 또는 공공복리를 위하여 필요한 경우에 한하여 법률로써 제한할 수 있으며, 제한하는 경우에도 자유와 권리의 본질적인 내용을 침해할 수 없다.

> 제 37 조 : (천도복숭아−뜀틀−국민의 자유와 권리의 존중과 제한−헌법에 열거되지 않음−뜀틀의 한계)
> ① 국민의 자유와 권리−헌법에 열거되지 않은 이유로 경시되지 않는다
> ② 제한 요소−국가안전보장, 질서유지, 공공복리−제한하더라도−자유와 권리의 본질적 내용은 침해할 수 없다

〔납세의 의무〕

제 38 조 모든 국민은 법률이 정하는 바에 의하여 납세의 의무를 진다.

> 제 38 조 : (천도복숭아—땅콩—납세의 의무—땅콩과 복숭아에 대해서도 부가세를 납부한다.)

〔국방의 의무〕

제 39 조   ① 모든 국민은 법률이 정하는 바에 의하여 국방의 의무를 진다.
② 누구든지 병역의무의 이행으로 인하여 불이익한 처우를 받지 아니한다.

> 제 39 조 : (천도복숭아—도끼—국방의 의무—천도복숭아와 도끼를 모두 팔아 국방비로 내자)

제3장 국회

〔입법권〕

제 40 조   입법권은 국회에 속한다.

> 제 40 조 : (천도복숭아—공—입법권—공 위에 천도복숭아를 놓다—입법)

〔국회의 구성〕

제 41 조 ① 국회는 국민의 보통·평등·직접·비밀선거에 의하여 선출된 국회의원으로 구성한다.

② 국회의원의 수는 법률로 정하되, 200인 이상으로 한다.

③ 국회의원의 선거구와 비례대표제 기타 선거에 관한 사항은 법률로 정한다.

> 제 41 조 : (초롱―막대기―국회의 구성―막대로 초롱을 들다―구성)
> ① 보통, 평등, 직접, 비밀선거로 선출한 국회의원으로 구성
> ② 200인 이상
> ③ 선거구, 비례대표제 기타 선거에 관한 사항은 법률로 정한다.

〔의원의 임기〕

제 42 조 국회의원의 임기는 4년으로 한다.

> 제 42 조 : (초롱―거위―의원의 임기―4년―초롱을 따르는 거위는 4년은 살 수 없다) (X)

〔의원의 겸직 제한〕

제 43 조 국회의원은 법률이 정하는 직을 겸할 수 없다.

> 제 43 조 : (초롱―독수리―의원의 겸직 제한―초롱을 따르는 독수리는 딴 짓을 못 한다)

〔의원의 불체포 특권〕

제 44 조   ① 국회의원은 현행범인 경우를 제외하고는 회기 중 국회의 동의없이 체포 또는 구금되지 아니한다.

② 국회의원이 회기 전에 체포 또는 구금된 때에는 현행범이 아닌 한 국회의 요구가 있으면 회기 중 석방된다.

> 제 44 조 : (초롱—돛배—불체포 특권—초롱불을 밝힌 배를 타고 돌아다녀도 잡을 사람이 없다)
> ① 국회의 동의 없이 회기 중 체포 또는 구금되지 아니한다.
> ② 국회의원이 회기 전 체포 구금된 때에도 국회의 요구가 있으면 회기 중 석방한다.

〔의원의 발언, 표결의 면책 특권〕

제 45 조   국회의원은 국회에서 직무상 행한 발언과 표결에 관하여 국회 외에서 책임을 지지 아니한다.

> 제 45 조 : (초롱—갈퀴—국회의원의 발언, 표결의 면책 특권—아무리 긁어도 상처가 나지 않는다)

〔의원의 직무, 지위의 남용 금지〕

제 46 조   ① 국회의원은 청렴의 의무가 있다.

② 국회의원은 국가이익을 우선하여 양심에 따라 직무를 행한다.

③ 국회의원은 그 지위를 남용하여 국가·공공단체 또는 기업체와의 계약이나 그 처분에 의하여 재산상의 권리·이익 또는 직위를 취득하거나 타인

을 위하여 그 취득을 알선할 수 없다.

> 제 46 조 : (초롱—코끼리—의원의 직무, 지위의 남용 금지—코끼리는 많이 먹으면 설사하므로 많이 먹지 말 것)
> ① 청렴의 의무
> ② 국가이익을 우선하여 양심에 따라 직무 수행
> ③ 지위를 남용하여 국가 공공단체 또는 기업체와의 계약이나 그 처분에 의해 재산상의 권리, 이익, 또는 직위를 취득하거나 타인을 위해 알선 금지

〔정기회, 임시회〕

제 47 조 ① 국회의 정기회는 법률이 정하는 바에 의하여 매년 1회 집회되며, 국회의 임시회는 대통령 또는 국회재적의원 4분의 1 이상의 요구에 의하여 집회된다.
② 정기회의 회기는 100일을, 임시회의 회기는 30일을 초과할 수 없다.
③ 대통령이 임시회의 집회를 요구할 때에는 기간과 집회요구의 이유를 명시하여야 한다.

> 제 47 조 : (초롱—뜀틀—정기회, 임시회—초롱을 들고 뜀틀에서 뛰어 내리다, 임시회 소집)
> ① 정기회—매년 1회, 임시회—대통령 또는 재적의원 1/4 이상 요구에 집회
> ② 정기회는 100일, 임시회는 30일 이상 초과 불가
> ③ 대통령이 임시회 집회 요구 시 기간과 집회 요구의 이유 명시

〔의장, 부의장〕

제 48 조   국회는 의장 1인과 부의장 2인을 선출한다.

> 제 48 조 : (초롱—땅콩—의장, 부의장—국회의장이 초롱을 들고 땅콩밭에 가다)
> - 국회는 의장 1인과 부의장 2인을 선출한다

〔의결정족수와 의결 방법〕

제 49 조   국회는 헌법 또는 법률에 특별한 규정이 없는 한 재적의원 과반수의 출석과 출석의원 60%의 찬성으로 의결한다.

> 제 49 조 : (초롱—도끼—의결정족수와 의결 방법—의결정족수—호롱불 밑에서 도끼로 장작을 패는데 60% 이상 금이 가야 합격이다)
> - 국회는 헌법 또는 법률에 특별한 규정이 없는 한 재적의원 과반수의 출석과 출석의원 60%의 찬성으로 의결한다

〔의사 공개의 원칙〕

제 50 조   ① 국회의 회의는 공개한다. 다만, 출석의원 과반수의 찬성이 있거나 의장이 국가의 안전보장을 위하여 필요하다고 인정할 때에는 공개하지 아니할 수 있다.
   ② 공개하지 아니한 회의내용의 공표에 관하여는 법률이 정하는 바에 의한다.

> 제 50 조 : (초롱(불)—공—의사 공개의 원칙—공 위에서 초롱을 비추

> 다-공개되다)
> ① 국회의 회의는 공개한다. 다만 재적의원 과반수의 찬성이 있거나 의장이 국가안전 보장을 위해 필요하다고 인정할 때는 공개하지 않을 수 있다
> ② 공개하지 아니한 회의내용 공표에 관하여는 법률로 정하는 바에 의한다

〔의안의 차회기 계속〕

제 51 조 국회에 제출된 법률안 기타의 의안은 회기 중에 의결되지 못한 이유로 폐기되지 아니한다. 다만, 국회의원의 임기가 만료된 때에는 그러하지 아니하다.

> 제 51 조 : (천막-막대기-의안의 차회기 계속-천막을 받친 막대기는 계속 사용한다)
> • 국회에 제출된 법률안 기타의 의안은 회기 중에 의결되지 못한 이유로 폐기되지 아니한다. 다만 국회의원의 임기가 만료된 때에는 그러하지 아니하다

〔법률안 제출권〕

제 52 조 국회의원과 정부는 법률안을 제출할 수 있다.

> 제 52 조 : (천막-거위-법률안 제출권-거위가 천막으로 종이(법률안)를 물고 오다)
> • 국회의원과 정부는 법률안을 제출할 수 있다

〔법률의 공포, 대통령의 거부권, 법률안의 발효〕

제 53 조 ① 국회에서 의결된 법률안은 정부에 이송되어 15일 이내에 대통령이 공포한다.

② 법률안에 이의가 있을 때에는 대통령은 제1항의 기간 내에 이의서를 붙여 국회로 환부하고, 그 재의를 요구할 수 있다. 국회의 폐회 중에도 또한 같다.

③ 대통령은 법률안의 일부에 대하여 또는 법률안을 수정하여 재의를 요구할 수 없다.

④ 재의의 요구가 있을 때에는 국회는 재의에 붙이고, 재적의원 과반수의 출석과 출석의원 3분의 2 이상의 찬성으로 전과 같은 의결을 하면 그 법률안은 법률로서 확정된다.

⑤ 대통령이 제1항의 기간 내에 공포나 재의의 요구를 하지 아니한 때에도 그 법률안은 법률로서 확정된다.

⑥ 대통령은 제4항과 제5항의 규정에 의하여 확정된 법률을 지체없이 공포하여야 한다. 제5항에 의하여 법률이 확정된 후 또는 제4항에 의한 확정법률이 정부에 이송된 후 5일 이내에 대통령이 공포하지 아니할 때에는 국회의장이 이를 공포한다.

⑦ 법률은 특별한 규정이 없는 한 공포한 날로부터 20일을 경과함으로써 효력을 발생한다.

> 제 53 조 : (천막—독수리—법률의 공포, 대통령의 거부권, 법률안의 발표—독수리가 천막 안에서 소동을 벌이다)
> ① 국회의결된 법률안 정부에 이송—15일 이내 대통령 공포
> ② 법률안에 이의가 있을 때—대통령—제1항의 기간 내에 이의서를 붙여 국회에 회부하고 그 재의를 요구할 수 있다. 국회의 폐회 중에도 같다
> ③ 대통령은 법률안의 일부에 대해 또는 법률안을 수정하여 재의를 요구할 수 없다
> ④ 재의 요구가 있을 때에는 국회는 재의에 붙이고 재적의원 과반수의 출석과 출석의원 2/3 이상의 찬성으로 전과 같은 의결을 하면 그 법률안은 법률로서 확정된다
> ⑤ 대통령이 제1항의 기간 내에 공포나 재의의 요구를 하지 아니하여도 그 법률안은 법률로서 확정된다

⑥ 대통령은 제4항과 제5항의 규정에 의해 확정된 법률을 지체없이 공포하여야 한다. 제5항에 의하여 법률이 확정된 후 또는 제4항에 의한 확정법률이 정부에 이송된 후 5일 이내에 대통령이 공포하지 아니한 때에는 국회의장이 이를 공포한다

⑦ 법률은 특별한 규정이 없는 한 공포한 날로부터 20일을 경과함으로써 효력을 발생한다

〔예산안의 심의, 확정권, 준예산〕

제 54 조   ① 국회는 국가의 예산안을 심의·확정한다.

② 정부는 회계연도마다 예산안을 편성하여 회계연도 개시 90일 전까지 국회에 제출하고, 국회는 회계연도 개시 30일 전까지 이를 의결하여야 한다.

③ 새로운 회계연도가 개시될 때까지 예산안이 의결되지 못한 때에는 정부는 국회에서 예산안이 의결될 때까지 다음의 목적을 위한 경비는 전년도 예산에 준하여 집행할 수 있다.
1. 헌법이나 법률에 의하여 설치된 기관 또는 시설의 유지·운영
2. 법률상 지출의무의 이행
3. 이미 예산으로 승인된 사업의 계속

> 제 54 조 : (천막-돛배-예산안 심의, 확정권, 준예산-식량이 공통점(예산))
> ① 국가의 예산안 심의 확정(책상)
> ② 정부는 회계연도마다 예산안을 편성 회계연도 개시 90일 전까지 국회에 제출, 국회는 회계연도 개시 30일전까지 의결(전화기)
> ③ 회계연도가 개시될 때까지 예산안 미의결시 전년도 예산에 준하여 집행
>   1. 헌법이나 법률에 의해 설치된 기관 또는 시설의 유지 운영(시계)-과 같이 계속 운영
>   2. 법률상 지출의무의 이행(달력)-뜯긴다-지출

3. 예산으로 승인된 사업의 계속(의자)

〔계속비·예비비〕

제 55 조 ① 한 회계연도를 넘어 계속하여 지출할 필요가 있을 때에는 정부는 연한을 정하여 계속비로서 국회의 의결을 얻어야 한다.

② 예비비는 총액으로 국회의 의결을 얻어야 한다. 예비비의 지출은 차기국회의 승인을 얻어야 한다.

> 제 55 조 : (천막-갈퀴-계속비, 예비비-천막 위에 갈퀴가 계속 얹혀 있다)
> ① 한 회계연도를 넘어 계속하여 지출할 필요가 있을 때 연한을 정해 계속비로 의결을 얻어야 한다
> ② 예비비는 총액으로 국회의결, 예비비 지출은 차기 국회 승인

〔추가경정예산〕

제 56 조 정부는 예산에 변경을 가할 필요가 있을 때에는 추가경정예산안을 편성하여 국회에 제출할 수 있다.

> 제 56 조 : (천막-코끼리-추가경정예산안-짐을 지우다-추경)

〔지출 예산 각 항 증액과 새 비목 설치 금지〕

제 57 조 국회는 정부의 동의 없이 정부가 제출한 지출예산 각 항의 금액을 증가하거나 새 비목을 설치할 수 없다.

> 제 57 조 : (천막—뜀틀—지출예산 각 항 증액과 새 비목 설치 금지—천막 안의 뜀틀에서는 융통성이 없다)

〔국채 모집 등에 대한 의결권〕

제 58 조 국채를 모집하거나 예산 외에 국가의 부담이 될 계약을 체결하려 할 때에는 정부는 미리 국회의 의결을 얻어야 한다.

> 제 58 조 : (천막—땅콩—국채 모집 등에 대한 의결권—땅콩밭에 최신형 천막을 국채로 사 오다)

〔조세의 종목과 세율〕

제 59 조 조세의 종목과 세율은 법률로 정한다.

> 제 59 조 : (천막—도끼—조세의 종목과 세율—뼈—등골—세금)

〔조약체결 비준과 선전포고의 동의권〕

제60조 ① 국회는 상호원조 또는 안전보장에 관한 조약, 중요한 국제조직에 관한 조약, 우호통상항해조약, 주권의 제약에 관한 조약, 강화조약, 국가나 국민에게 중대한 재정적 부담을 지우는 조약 또는 입법사항에 관한 조약의 체결·비준에 대한 동의권을 가진다.

② 국회는 선전포고, 국군의 외국에의 파견 또는 외국군대의 대한민국 영역 안에서의 주유에 대한 동의권을 가진다.

> 제60조 : (천막-공-조약체결, 비준, 선전포고의 동의권-공 위의 천막-선전포고 동의권)
> ① 상호원조, 안전보장, 국제조직에 관한 조약, 우호통상조약, 주권의 제약에 관한 조약, 우호통상항해조약, 강화조약, 국가나 국민에게 중대한 재정적 부담을 지우는 조약 또는 입법사항에 관한 조약의 체결, 비준에 대한 동의권
> ② 선전포고, 국군의 외국파견, 외국군의 대한민국 영역 안에서 주유

〔국정감사권 및 조사권〕

제61조 ① 국회는 국정을 감사하거나 특정한 국정사안에 대하여 조사할 수 있으며, 이에 필요한 서류의 제출 또는 증인의 출석과 증언이나 의견의 진술을 요구할 수 있다.

② 국정감사 및 조사에 관한 절차 기타 필요한 사항은 법률로 정한다.

> 제61조 : (촛불-막대기-국정감사권, 조사권-촛불로 막대기를 태우다-뜨겁다-국정감사 및 조사권)

〔국무위원 등의 출석·답변의 의무〕

제 62 조 ① 국무총리·국무위원 또는 정부위원은 국회나 그 위원회에 출석하여 국정 처리상황을 보고하거나 의견을 진술하고 질문에 응답할 수 있다.

② 국회나 그 위원회의 요구가 있을 때에는 국무총리·국무위원 또는 정부위원은 출석·답변하여야 하며, 국무총리 또는 국무위원이 출석요구를 받은 때에는 국무위원 또는 정부위원으로 하여금 출석·답변하게 할 수 있다.

> 제 62 조 : (촛불-거위-국무위원들의 출석 답변 의무-거위가 촛불에 대어 소리를 지르다-답변)

〔국무총리·국무위원의 해임건의권〕

제 63 조 ① 국회는 국무총리 또는 국무위원의 해임을 대통령에게 건의할 수 있다.

② 제1항의 해임건의는 국회재적의원 3분의 1 이상의 발의에 의하여 국회재적의원 과반수의 찬성이 있어야 한다.

> 제 63 조 : (촛불-독수리-국무총리, 국무위원의 해임건의권-독수리가 촛불을 쪼다-촛불이 꺼지면 해임-해임건의)
> • 재적의원 1/3 이상 발의, 재적의원 과반수 찬성

〔국회의 자율권〕

제 64 조 ① 국회는 법률에 저촉되지 아니하는 범위 안에서 의사와 내부규율에 관한 규칙을 제정할 수 있다.

② 국회는 의원의 자격을 심사하며, 의원을 징계할 수 있다.

③ 의원을 제명하려면 국회재적의원 3분의 2 이상의 찬성이 있어야 한다.
④ 제2항과 제3항의 처분에 대하여는 법원에 제소할 수 없다.

> 제 64 조 : (촛불−돛배−국회자율권−촛불을 비추고 배를 타고 자유로 항해)
> ① 의사와 내부규정에 대한 규칙 제정
> ② 의원의 징계
> ③ 국회의원 제명−재적의원 2/3 이상 찬성
> ④ 법원에 제소 금지

〔탄핵소추의결권·탄핵결정의 효력〕

제 65 조 ① 대통령·국무총리·국무위원·행정각부의 장·헌법재판소 재판관·법관·중앙선거관리위원회 위원·감사원장·감사위원 기타 법률이 정한 공무원이 그 직무집행에 있어서 헌법이나 법률을 위배한 때에는 국회는 탄핵의 소추를 의결할 수 있다.

② 제1항의 탄핵소추는 국회재적의원 3분의 1 이상의 발의가 있어야 하며, 그 의결은 국회재적의원 과반수의 찬성이 있어야 한다. 다만, 대통령에 대한 탄핵소추는 국회재적의원 과반수의 발의와 국회재적의원 3분의 2 이상의 찬성이 있어야 한다.

③ 탄핵소추의 의결을 받은 자는 탄핵심판이 있을 때까지 그 권한행사가 정지된다.

④ 탄핵결정은 공직으로부터 파면함에 그친다. 그러나, 이에 의하여 민사상이나 형사상의 책임이 면제되지는 아니한다.

> 제 65 조 : (촛불−갈퀴−탄핵소추의결권−갈퀴로 촛불을 끄다(탄핵))
> ① 대통령, 국무총리, 국무위원, 행정각부의 장, 헌법재판관, 법관, 중앙선거관리 위원회위원, 감사원장, 감사위원, 기타 법률이 정하는 공무원이 직무집행 시 헌법이나 법률을 위배한 때

② 국회재적의원 1/3 이상 발의, 의결은 국회재적의원 과반수의 찬성, 대통령에 대한 탄핵소추는 국회재적의원 과반수의 발의, 국회재적의원 2/3 찬성
③ 탄핵심판이 있을 때까지 그 권한행사가 정지
④ 공직으로부터 파면, 민사상 형사상 책임 불면제

제4장 정부

제1절 대통령

〔**대통령의 지위·책무**〕

제 66 조 ① 대통령은 국가의 원수이며, 외국에 대하여 국가를 대표한다.

② 대통령은 국가의 독립·영토의 보전·국가의 계속성과 헌법을 수호할 책무를 진다.

③ 대통령은 조국의 평화적 통일을 위한 성실한 의무를 진다.

④ 행정권은 대통령을 수반으로 하는 정부에 속한다.

> 제 66 조 : (촛불－코끼리－대통령의 지위, 책무－코끼리가 대통령이 되어 촛불을 들다)
> ① 국가의 원수, 외국에 대하여 국가대표
> ② 국가의 독립, 영토의 보전, 국가의 계속성, 헌법수호 책무
> ③ 조국의 평화통일의 성실한 의무
> ④ 행정권은 정부에 속한다

〔대통령의 선거〕

제 67 조 ① 대통령은 국민의 보통·평등·직접·비밀선거에 의하여 선출한다.

② 제1항의 선거에 있어서 최고득표자가 2인 이상인 때에는 국회의 재적의원 과반수가 출석한 공개회의에서 다수표를 얻은 자를 당선자로 한다.

③ 대통령후보자가 1인일 때에는 그 득표수가 선거권자 총수의 3분의 1 이상이 아니면 대통령으로 당선될 수 없다.

④ 대통령으로 선거될 수 있는 자는 국회의원의 피선거권이 있고 선거일 현재 40세에 달하여야 한다.

⑤ 대통령의 선거에 관한 사항은 법률로 정한다.

> 제 67 조 : (촛불-뜀틀-대통령의 선거-뜀틀에서 촛불을 들고 대통령 선거를 한다(투표를 한다))
> ① 보통, 평등, 직접, 비밀선거로 선출
> ② 최고득점자 2인 이상-국회재적의원 과반수가 출석한 공개회의 다수 득표자
> ③ 1인일 때 선거권자 총수의 1/3 이상
> ④ 40세 이상
> ⑤ 대통령 선거사항-법률로 정한다

〔대통령의 선거 시기·보궐선거〕

제 68 조 ① 대통령의 임기가 만료되는 때에는 임기 만료 70일 내지 40일 전에 후임자를 선거한다.

② 대통령이 궐위된 때 또는 대통령 당선자가 사망하거나 판결 기타의 사유로 그 자격을 상실한 때에는 60일 이내에 후임자를 선거한다.

> 제 68 조 : (촛불-땅콩-대통령선거의 시기, 보궐선거-촛불을 켜고 땅콩을 수확하다-선거의 시기)
> ① 임기 만료 70일-40일 전에 후임자 선거

② 보궐선거-60일 이내에 후임자 선거

〔대통령의 취임 선서〕

제 69 조 대통령은 취임에 즈음하여 다음의 선서를 한다.
"나는 헌법을 준수하고 국가를 보위하며 조국의 평화적 통일과 국민의 자유와 복리의 증진 및 민족문화의 창달에 노력하여 대통령으로서의 직책을 성실히 수행할 것을 국민 앞에 엄숙히 선서합니다."

제 69 조 : (촛불-도끼-대통령 취임-도끼 위에 촛불을 켜다-선서)

〔대통령의 임기〕

제 70 조 대통령의 임기는 5년으로 하며, 중임할 수 없다.

제 70 조 : (촛불-공-대통령 임기-5년 중임 불가-촛불이 공 위에서 불타는 시간은 5년을 넘지 못한다)

〔대통령의 권한 대행〕

제 71 조 대통령이 궐위되거나 사고로 인하여 직무를 수행할 수 없을 때에는 국무총리, 법률이 정한 국무위원의 순서로 그 권한을 대행한다.

> 제 71 조 : (책상—막대기—대통령의 권한 대행—책상 위에 막대기(지휘봉)만 남아 있다)
> • 국무총리, 법률이 정한 국무의원의 순서로 권한 대행

〔중요정책의 국민투표〕

제 72 조 대통령은 필요하다고 인정할 때에는 외교·국방·통일 기타 국가안위에 관한 중요정책을 국민투표에 붙일 수 있다.

> 제 72 조 : (책상—거위—중요정책 국민투표—책상 위에서 거위가 투표용지를 물고 있다)

〔외교에 관한 대통령의 권한〕

제 73 조 대통령은 조약을 체결·비준하고, 외교사절을 신임·접수 또는 파견하며, 선전포고와 강화를 한다.

> 제 73 조 : (책상—독수리—외교에 대한 대통령의 권한—독수리가 이 책상 저 책상으로 뛰어다닌다(책상—국가))
> • 조약 체결 비준, 외교사절 신임, 접수, 파견, 선전포고, 강화

〔국군의 통수·조직과 편성〕

제 74 조　① 대통령은 헌법과 법률이 정하는 바에 의하여 국군을 통수한다.

　　　　　② 국군의 조직과 편성은 법률로 정한다.

> 제 74 조 : (책상—배—국군 통수, 조직, 편성—배 위의 책상에서 국군 통수)
> • 헌법과 법률에 의해 국군 통수, 조직 편성은 법률 조정

〔대통령령〕

제 75 조　대통령은 법률에서 구체적으로 범위를 정하여 위임받은 사항과 법률을 집행하기 위하여 필요한 사항에 관하여 대통령령을 발할 수 있다.

> 제 75 조 : (책상—갈퀴—대통령령—갈퀴살로 구석구석을 긁다—대통령령 구체화)

〔긴급처분·명령권〕

제 76 조　① 대통령은 내우·외환·천재·지변 또는 중대한 재정·경제상의 위기에 있어서 국가의 안전보장 또는 공공의 안녕질서를 유지하기 위하여 긴급한 조치가 필요하고 국회의 집회를 기다릴 여유가 없을 때에 한하여 최소한으로 필요한 재정·경제상의 처분을 하거나 이에 관하여 법률의 효력을 가지는 명령을 발할 수 있다.

　　　　　② 대통령은 국가의 안위에 관계되는 중대한 교전상태에 있어서 국가를 보위하기 위하여 긴급한 조치가 필요하고 국회의 집회가 불가능한 때에 한하여 법률의 효력을 가지는 명령을 발할 수 있다.

③ 대통령은 제1항과 제2항의 처분 또는 명령을 한 때에는 지체없이 국회에 보고하여 그 승인을 얻어야 한다.

④ 제3항의 승인을 얻지 못한 때에는 그 처분 또는 명령은 그때부터 효력을 상실한다. 이 경우 그 명령에 의하여 개정 또는 폐지되었던 법률은 그 명령이 승인을 얻지 못한 때부터 당연히 효력을 회복한다.

⑤ 대통령은 제3항과 제4항의 사유를 지체없이 공포하여야 한다.

> 제76조 : (책상-코끼리-긴급처분, 명령권-코끼리를 잡아서 책상 위에 올려라)
> ① 내우, 외환, 전재, 지변, 중대한 재정, 경제상의 위기에서 국가 안전보장 또는 공공의 안녕질서 유지를 위해 긴급한 조치가 필요하고 국회의 집회를 기다릴 여유가 없을 때 한하여 최소한으로 필요한 재정, 경제상의 처분을 하거나 이에 관하여 법률의 효력을 가지는 명령을 발할 수 있다
> ② 국가의 안위에 관계되는 중대한 교전상태에 있어서 국가를 보위하기 위하여 긴급한 조치가 필요하고 국회의 집회가 불가능한 때에 한하여 법률의 효력을 가지는 명령을 발할 수 있다
> ③ 지체없이 국회에 보고하고 승인을 얻어야 한다
> ④ 승인을 얻지 못할 때 그 처분 또는 명령은 그때부터 효력을 상실한다
> ⑤ ③항과 ④항의 사유 지체없이 공포

〔계엄〕

제77조 ① 대통령은 전시·사변 또는 이에 준하는 국가비상사태에 있어서 병력으로써 군사상의 필요에 응하거나 공공의 안녕질서를 유지할 필요가 있을 때에는 법률이 정하는 바에 의하여 계엄을 선포할 수 있다.

② 계엄은 비상계엄과 경비계엄으로 한다.

③ 비상계엄이 선포된 때에는 법률이 정하는 바에 의하여 영장제도, 언론·출판·집회·결사의 자유, 정부나 법원의 권한에 관하여 특별한 조치를

④ 계엄을 선포한 때에는 대통령은 지체없이 국회에 통고하여야 한다.
⑤ 국회가 재적의원 과반수의 찬성으로 계엄의 해제를 요구한 때에는 대통령은 이를 해제하여야 한다.

> 제 77 조 : (책상—뜀틀—계엄—짝꿍(77)인데 계엄에서도 만나네)
> ① 전시, 사변 또는 이에 준하는 국가 비상사태에 병력으로써 사실상의 필요에 응하거나 공공의 안녕질서를 유지할 필요가 있을 때, 법률이 정하는 바에 의해 계엄을 선포
> ② 비상계엄, 경비계엄
> ③ 비상계엄 시 영장제도, 언론출판, 집회, 결사의 자유, 정부나 법원의 권한에 관한 특별 조치
> ④ 지체없이 국회에 통고
> ⑤ 국회재적의원 과반수의 찬성으로 계엄해제 요구 시 해제

〔공무원 임면권〕

제 78 조 대통령은 헌법과 법률이 정하는 바에 의하여 공무원을 임면한다.

> 제 78 조 : (책상—땅콩—공무원 임면권—책상 위의 땅콩이 공무원의 봉급)

〔사면·감형·복권〕

제 79 조 ① 대통령은 법률이 정하는 바에 의하여 사면·감형 또는 복권을 명할 수 있다.
② 일반사면을 명하려면 국회의 동의를 얻어야 한다.
③ 사면·감형 및 복권에 관한 사항은 법률로 정한다.

> 제 79 조 : (책상—도끼—사면, 감형, 복권—책상 위에서 도끼로 수갑을 자르다)

〔영전 수여권〕

제 80 조 대통령은 법률이 정하는 바에 의하여 훈장 기타의 영전을 수여한다.

> 제 80 조 : (책상—공—영전 수여권—훈장 기타 영전 수여—책상 위의 공에 훈장을 붙이다)

〔대통령의 국회에 대한 의견 표시〕

제 81 조 대통령은 국회에 출석하여 발언하거나 서한으로 의견을 표시할 수 있다.

> 제 81 조 : (추어탕—막대기—대통령령의 국회에 대한 의견 표시 : 국회 출석 발언, 서한으로 의견 표시—막대기로 추어탕을 젓다—추어탕—국회, 막대로 젓다—의사 표시)

〔대통령의 국법상 행위 및 부서〕

제 82 조 대통령의 국법상 행위는 문서로써 하며, 이 문서에는 국무총리와 관계 국무위원이 부서한다. 군사에 관한 것도 또한 같다.

> 제 82 조 : (추어탕-거위-대통령의 국법상 행위 및 부서-거위가 추어탕을 먹고 국물을 흘리다)
> - 국법상 행위-문서로 한다-국무총리와 국무위원이 부서

〔대통령의 겸직 금지〕

제 83 조   대통령은 국무총리·국무위원·행정각부의 장 기타 법률이 정하는 공사의 직을 겸할 수 없다.

> 제 83 조 : (추어탕-독수리-대통령의 겸직 금지-독수리는 추어탕을 먹지 못함)

〔대통령의 형사상 특권〕

제 84 조   대통령은 내란 또는 외환의 죄를 범한 경우를 제외하고는 재직 중 형사상의 소추를 받지 아니한다.

> 제 84 조 : (추어탕-배-대통령의 형사상 특권-재직 중 형사소추 불가-배 위에서 추어탕을 먹으니 특식이네)

〔전직대통령의 신분과 예우〕

제 85 조   전직대통령의 신분과 예우에 관하여는 법률로 정한다.

> 제 85 조 : (추어탕-갈퀴-전직대통령의 신분과 예우-갈퀴로 추어
> 탕을 긁으니 퍼레이드가 처진다-예우)

제2절 행정부

제1관 국무총리와 국무위원

〔국무총리〕

제 86 조　① 국무총리는 국회의 동의를 얻어 대통령이 임명한다.

　　　　② 국무총리는 대통령을 보좌하며, 행정에 관하여 대통령의 명을 받아 행정각부를 통할한다.

　　　　③ 군인은 현역을 면한 후가 아니면 국무총리로 임명될 수 없다.

> 제 86 조 : (추어탕-코끼리-국무총리-코끼리가 추어탕을 먹으니
> 국무총리가 안 부럽다)
> ① 국회 동의, 대통령 임명
> ② 행정각부 통솔
> ③ 군인-국무총리 임명 불가

〔국무위원〕

제 87 조　① 국무위원은 국무총리의 제청으로 대통령이 임명한다.

② 국무위원은 국정에 관하여 대통령을 보좌하며, 국무회의의 구성원으로서 국정을 심의한다.
③ 국무총리는 국무위원의 해임을 대통령에게 건의할 수 있다.
④ 군인은 현역을 면한 후가 아니면 국무위원으로 임명될 수 없다.

> 제 87 조 : (추어탕―뜀틀―국무위원―국무위원이 뜀틀에서 추어탕을 먹다)
> ① 국무총리 제청, 대통령이 임명
> ② 대통령을 보좌, 국무회의의 구성원으로서 국정 심의
> ③ 국무총리―국무위원 해임 건의
> ④ 군인은 현역으로서는 국무위원 불가

제2관 국무회의

〔국무회의의 권한·구성〕

제 88 조 ① 국무회의는 정부의 권한에 속하는 중요한 정책을 심의한다.
② 국무회의는 대통령·국무총리와 15인 이상 30인 이하의 국무위원으로 구성한다.
③ 대통령은 국무회의의 의장이 되고, 국무총리는 부의장이 된다.

> 제 88 조 : (추어탕―땅콩―국무회의 권한, 구성―땅콩을 넣어 추어탕을 끓여 국무회의 참석자에게 주다)
> ① 정부의 권한에 속하는 중요 정책 심의
> ② 대통령, 국무총리 15인 이상 30인 이하의 국무위원으로 구성
> ③ 의장―대통령, 부의장―국무총리

〔국무회의의 심의 사항〕

제 89 조   다음 사항은 국무회의의 심의를 거쳐야 한다.
① 국정의 기본계획과 정부의 일반정책
② 선전·강화 기타 중요한 대외정책
③ 헌법개정안·국민투표안·조약안·법률안 및 대통령령안
④ 예산안·결산·국유재산처분의 기본계획·국가의 부담이 될 계약 기타 재정에 관한 중요사항
⑤ 대통령의 긴급명령·긴급재정경제처분 및 명령 또는 계엄과 그 해제
⑥ 군사에 관한 중요사항
⑦ 국회의 임시회 집회의 요구
⑧ 영전수여
⑨ 사면·감형과 복권
⑩ 행정각부간의 권한의 획정
⑪ 정부 안의 권한의 위임 또는 배정에 관한 기본계획
⑫ 국정처리상황의 평가·분석
⑬ 행정각부의 중요한 정책의 수립과 조정
⑭ 정당해산의 제소
⑮ 정부에 제출 또는 회부된 정부의 정책에 관계되는 청원의 심사
⑯ 검찰청장·합동참모의장·각군참모총장·국립대학교총장·대사 기타 법률이 정한 공무원과 국영기업체관리자의 임명
⑰ 기타 대통령·국무총리 또는 국무위원이 제출한 사항

> 제 89 조 : (추어탕—도끼—국무회의 심의사항—도끼로 찍을 사항)
> ① 국정의 기본계획과 정부의 일반정책(달력)
> ② 선전, 강화 기타 중요한 외교정책(시계)
> ③ 헌법개정안, 국민투표안, 조약안, 법률안, 대통령안(책상)
> ④ 예산안, 결산, 국유재산처분의 기본계획(의자)
> ⑤ 대통령의 긴급명령, 긴급재정 경제처분 및 명령 또는 계엄과 그 해제(PC)
> ⑥ 군사에 관한 중요사항(전등)
> ⑦ 국회의 임시회 집회요구(전화기)

⑧ 영전수여(TV)
⑨ 사면 감형 복권(냉장고)
⑩ 행정각부간의 권한의 확정(세탁기)
⑪ 정부안의 권한의 위임 및 배정에 관한 기본계획(정수기)
⑫ 국정처리상황의 평가, 분석(김치냉장고)
⑬ 행정각부의 중요정책 수립과 조정(거실장)
⑭ 정당해산의 제소(소파)
⑮ 청원의 심사(밥솥)
⑯ 검찰총장, 합참의장, 각군참모총장, 국립대총장, 대사, 기타 법률이 정한 공무원과 국영기업체관리사의 임명(식탁)
⑰ 기타 대통령, 국무총리 또는 국무위원이 제출한 사항(식탁의자)

〔국가원로자문회의〕

제 90 조 ① 국정의 중요한 사항에 관한 대통령의 자문에 응하기 위하여 국가원로로 구성되는 국가원로자문회의를 둘 수 있다.

② 국가원로자문회의의 의장은 직전대통령이 된다. 다만, 직전대통령이 없을 때에는 대통령이 지명한다.

③ 국가원로자문회의의 조직·직무범위 기타 필요한 사항은 법률로 정한다.

> 제 90 조 : (추어탕－공－국가원로 자문회의－공(功)이 있는 원로회의)
> ① 대통령의 자문에 의하기 위해
> ② 의장－직전 대통령 또는 대통령이 지명
> ③ 법률로 정한다

〔국가안전보장회의〕

제 91 조 ① 국가안전보장에 관련되는 대외정책·군사정책과 국내정책의 수립에 관하여 국무회의의 심의에 앞서 대통령의 자문에 응하기 위하여 국가안전보장회의를 둔다.

② 국가안전보장회의는 대통령이 주재한다.

③ 국가안전보장회의의 조직·직무범위 기타 필요한 사항은 법률로 정한다.

> 제 91 조 : (치자-막대-국가안전 보장회의-막대를 안보라 치자)
> ① 국가안전보장에 관련되는 대외정책, 군사정책, 국내정책 수립에 관하여 국무회의심의에 앞서 대통령의 자문에 응하기 위해
> ② 대통령이 주재
> ③ 법률로 정한다

〔민주평화통일자문회의〕

제 92 조 ① 평화통일정책의 수립에 관한 대통령의 자문에 응하기 위하여 민주평화통일 자문회의를 둘 수 있다.

② 민주평화통일자문회의의 조직·직무범위 기타 필요한 사항은 법률로 정한다.

> 제 92 조 : (치자-거위-민주평화 통일 자문회의-거위는 치자 따는 데는 할 일이 없어서 평화롭다)
> ① 평화통일정책수립에 관한 대통령 자문에 응하기 위해
> ② 법률로 정한다

〔국민경제자문회의〕

제 93 조   ① 국민경제의 발전을 위한 중요정책의 수립에 관하여 대통령의 자문에 응하기 위하여 국민경제자문회의를 둘 수 있다.

② 국민경제자문회의의 조직·직무범위 기타 필요한 사항은 법률로 정한다.

> 제 93 조 : (치자—독수리—국민경제 자문회의—독수리는 경제는 빵점이지)

제3관 행정각부

〔행정각부의 장〕

제 94 조   행정각부의 장은 국무위원 중에서 국무총리의 제청으로 대통령이 임명한다.

> 제 94 조 : (치자—배—행정각부의 장—치자 실은 배에 행정각부의 장이 모이다)

〔총리령과 부령〕

제 95 조   국무총리 또는 행정각부의 장은 소관사무에 관하여 법률이나 대통령령의 위임 또는 직권으로 총리령 또는 부령을 발할 수 있다.

> 제 95 조 : (치자—갈퀴—총리령과 부령—갈퀴로 치자를 긁어모으듯 총리령, 부령을 정리한다)

〔행정각부의 설치·조직·직무범위〕

제 96 조　행정각부의 설치·조직과 직무범위는 법률로 정한다.

> 제 96 조 : (치자—코끼리—행정각부의 설치, 조직, 직무범위—코끼리의 꼬리, 다리, 코 등 각부조직—법률로 정한다)

제4관 감사원

〔감사원의 직무·소속〕

제 97 조　국가의 세입·세출의 결산, 국가 및 법률이 정한 단체의 회계검사와 행정기관 및 공무원의 직무에 관한 감찰을 하기 위하여 대통령 소속하에 감사원을 둔다.

> 제 97 조 : (치자—뜀틀—감사원의 직무, 소속—뜀틀 위의 치자는 어디 소속인가? 강원? 경북?)
> - 국가의 세입세출의 결산, 국가 및 법률이 정한 단체의 회계검사와 행정기관 및 공무원의 직무에 관한 감찰을 하기 위해 대통령 소속하에 감사원을 둔다)

〔감사원의 구성, 원장 및 감사위원의 임명·임기〕

제 98 조　① 감사원은 원장을 포함한 5인 이상 11인 이하의 감사위원으로 구성한다.

　　　　　② 원장은 국회의 동의를 얻어 대통령이 임명하고, 그 임기는 4년으로 하며, 1차에 한하여 중임할 수 있다.

　　　　　③ 감사위원은 원장의 제청으로 대통령이 임명하고, 그 임기는 4년으로 하며,

1차에 한하여 중임할 수 있다.

> 제 98 조 : (치자-땅콩-감사원의 구성, 원장 및 감사위원의 임명, 임기-치자+땅콩으로 구성할 어떤 것이 있나?)
> ① 감사원은 원장을 포함 5~11인으로 구성
> ② 원장은 국회동의, 대통령이 임명, 임기는 4년 1차 중임 가능
> ③ 감사위원, 원장제청, 대통령이 임명, 임기는 4년 1차 중임 가능

〔결산 검사·보고〕

제 99 조 감사원은 세입·세출의 결산을 매년 검사하여 대통령과 차년도 국회에 그 결과를 보고하여야 한다.

> 제 99 조 : (치자-도끼-결산 검사, 보고-도끼로 치자를 찍다, 검사)
> • 검사원은 세입, 세출의 결산을 매년 검사하여 대통령과 차년도 국회에 그 결과를 보고

〔감사원의 조직·직무범위〕

제 100 조 감사원의 조직·직무범위·감사위원의 자격·감사대상공무원의 범위 기타 필요한 사항은 법률로 정한다.

> 제 100 조 : (치자-공-감사원의 조직, 직무범위-공 위에 치자를 올려놓고 감사하다)
> • 감사원의 조직, 직무범위, 감사위원의 자격, 감사대상 공무원의 범위는 법률로 정한다.

제5장 법원

〔사법권과 법원·법관의 자격〕

제101조 ① 사법권은 법관으로 구성된 법원에 속한다.
② 법원은 최고법원인 대법원과 각급법원으로 조직된다.
③ 법관의 자격은 법률로 정한다.

> 제101조 : (갈치-막대기-사법권과 법원, 법관의 자격-막대로 갈치(법원)를 두드리다)
> ① 사법권은 법관으로 구성된 법원에 속한다
> ② 법원은 최고법원인 대법원과 각급법원으로 조직
> ③ 법관의 자격은 법률로 정한다

〔대법원의 조직〕

제102조 ① 대법원에 부를 둘 수 있다.
② 대법원에 대법관을 둔다. 다만, 법률이 정하는 바에 의하여 대법관이 아닌 법관을 둘 수 있다.
③ 대법원과 각급법원의 조직은 법률로 정한다.

> 제102조 : (갈치-거위-대법원의 조직-거위가 갈치를 쪼다)
> ① 부를 둔다
> ② 대법관을 둔다. 대법관이 아닌 법관을 둘 수 있다
> ③ 대법원, 각급법원조직은 법률로 정한다

〔법관의 독립〕

제 103 조   법관은 헌법과 법률에 의하여 그 양심에 따라 독립하여 심판한다.

> 제 103 조 : (갈치-독수리-법관의 독립-독수리가 갈치 위에 서다
> (독립))
> • 헌법과 법률에 의해 양심에 따라 독립하여 심판

〔대법원장·대법관의 임명〕

제 104 조   ① 대법원장은 국회의 동의를 얻어 대통령이 임명한다.

② 대법관은 대법원장의 제청으로 국회의 동의를 얻어 대통령이 임명한다.

③ 대법원장과 대법관이 아닌 법관은 대법관회의의 동의를 얻어 대법원장이 임명한다.

> 제 104 조 : (갈치-배-대법원장, 대법관의 임명-배에서 갈치를 대중
> 소로 구분한다)
> ① 대법원장-국회동의, 대통령이 임명
> ② 대법관-대법원장 제청-국회동의-대통령이 임명
> ③ 법관-대법관회의 동의-대법원장이 임명

〔대법원장·대법관의 임기, 법관의 정년〕

제 105 조   ① 대법원장의 임기는 6년으로 하며, 중임할 수 없다.

② 대법관의 임기는 6년으로 하며, 법률이 정하는 바에 의하여 연임할 수 있다.

③ 대법원장과 대법관이 아닌 법관의 임기는 10년으로 하며, 법률이 정하는 바에 의하여 연임할 수 있다.

④ 법관의 정년은 법률로 정한다.

> 제 105 조 : (갈치−갈퀴−대법원장, 대법관의 임기, 법관의 정년−갈치와 갈퀴, 발음이 비슷한데, 임기도 같은가?)
> ① 대법원장 임기−6년, 중임 불가
> ② 대법관 임기−6년, 연임 가능
> ③ 법관의 임기−10년, 연임 가능
> ④ 법관의 정년은 법률로 정함

〔법관의 신분 보장〕

제 106 조 ① 법관은 탄핵 또는 금고 이상의 형의 선고에 의하지 아니하고는 파면되지 아니하며, 징계처분에 의하지 아니하고는 정직·감봉 기타 불리한 처분을 받지 아니한다.

② 법관이 중대한 심신상의 장해로 직무를 수행할 수 없을 때에는 법률이 정하는 바에 의하여 퇴직하게 할 수 있다.

> 제 106 조 : (갈치−코끼리−법관의 신분 보장−코끼리에 갈치를 매다)
> ① 파면되지 않고(징계처분 X), 정직, 감봉, 불리한 처분 불가
> ② 퇴직

〔법원과 헌법재판소·대법원의 명령 등 심사권, 행정심판의 절차〕

제 107 조 ① 법률이 헌법에 위반되는 여부가 재판의 전제가 된 경우에는 법원은 헌법재판소에 제청하여 그 심판에 의하여 재판한다.

② 명령·규칙 또는 처분이 헌법이나 법률에 위반되는 여부가 재판의 전제가 된 경우에는 대법원은 이를 최종적으로 심사할 권한을 가진다.

③ 재판의 전심절차로서 행정심판을 할 수 있다. 행정심판의 절차는 법률로 정하되, 사법절차가 준용되어야 한다.

> 제 107 조 : (갈치-뗌틀-법원, 헌법재판소, 대법원의 명령 등 심사권, 행정심판절차-뗌틀에서 갈치를 자르다, 큰 도막, 중간 도막)
> ① 법률이 헌법에 위반되는 여부가 재판의 전제가 된 경우에는 법원은 헌법재판소에 제청하여 그 심판에 의하여 재판한다.
> ② 명령, 규칙, 처분이 헌법이나 법률에 위반되는 여부가 재판의 전제가 된 경우에는 대법원은 이를 최종적으로 심사할 권한을 가진다.
> ③ 재판의 전심절차로서 행정심판을 할 수 있다. 행정심판의 절차는 법률로 정하되 사법절차가 준용되어야 한다.

〔자율권〕

제 108 조 대법원은 법률에 저촉되지 아니하는 범위 안에서 소송에 관한 절차, 법원의 내부규율과 사무처리에 관한 규칙을 제정할 수 있다.

> 제 108 조 : (갈치-땅콩-자율권-갈치 요리에 땅콩은 자율로 하다)
> • 소송절차, 내부규정, 사무처리 규칙 제정 가능

〔재판공개의 원칙〕

제 109 조 재판의 심리와 판결은 공개한다. 다만, 심리는 국가의 안전보장 또는 안녕질서를 방해하거나 선량한 풍속을 해할 염려가 있을 때에는 법원의 결정으로 공개하지 아니할 수 있다.

> 제109조 : (갈치−도끼−재판공개의 원칙−도끼로 갈치를 자르는 것을 공개하다)
> - 심리와 판결은 공개(국가안보, 안녕질서 방해, 선량한 풍속을 해할 경우 법원의 결정으로 공개하지 않을 수 있다.)

[군사법원의 조직·권한 등]

제110조 ① 군사재판을 관할하기 위하여 특별법원으로서 군사법원을 둘 수 있다.
② 군사법원의 상고심은 대법원에서 관할한다.
③ 군사법원의 조직·권한 및 재판관의 자격은 법률로 정한다.
④ 비상계엄상의 군사재판은 군인·군무원의 범죄나 군사에 관한 간첩죄의 경우와 초병·초소·유독음식물공급·포로에 관한 죄 중 법률이 정한 경우에 한하여 단심으로 할 수 있다. 다만, 사형을 선고한 경우에는 그러하지 아니하다.

> 제110조 : (갈치−공−군사법원의 조직, 권한−갈치 팔아 공을 사서 군대로 보내다)
> ① 군사재판 관할−특별법원−군사법원
> ② 상고심−대법원 관할
> ③ 조직, 권한, 재판관의 자격−법률로 정한다
> ④ 비상계엄하의 군사재판−군인, 군무원의 범죄, 간첩죄, 초병, 초소, 유독음식물 공급, 포로에 관한 죄−법률이 정한 경우 단심으로 할 수 있다(사형선고 X)

제6장 헌법재판소

〔헌법재판소의 권한·구성〕

제111조 ① 헌법재판소는 다음 사항을 관장한다.
1. 법원의 제청에 의한 법률의 위헌여부 심판
2. 탄핵의 심판
3. 정당의 해산 심판
4. 국가기관 상호간, 국가기관과 지방자치단체간 및 지방자치단체 상호간의 권한쟁의에 관한 심판
5. 법률이 정하는 헌법소원에 관한 심판

② 헌법재판소는 법관의 자격을 가진 9인의 재판관으로 구성하며, 재판관은 대통령이 임명한다.

③ 제2항의 재판관 중 3인은 국회에서 선출하는 자를, 3인은 대법원장이 지명하는 자를 임명한다.

④ 헌법재판소의 장은 국회의 동의를 얻어 재판관중에서 대통령이 임명한다.

> 제111조 : (개구리-막대기-헌법재판소의 권한, 구성-개구리는 막대기가 제일 두렵다)
> ① 1. 법원의 제청에 의한 법률의 위헌 여부(책상)
>   2. 탄핵의 심판(전등)
>   3. 정당의 해산심판(의자)
>   4. 국가기관 상호간, 국가기관과 지방자치 단체간 및 지방자치단체 상호간의 권한쟁의에 관한 심판(PC)
>   5. 헌법소원에 관한 심판(전화기)
> ② 9인-대통령이 임명
> ③ 국회 3인, 대법원장 지명 3인임
> ④ 헌재소장-국회동의-대통령 임명

〔재판관의 임기, 정치관여 금지, 신분보장〕

제112조 ① 헌법재판소 재판관의 임기는 6년으로 하며, 법률이 정하는 바에 의하여 연임할 수 있다.

② 헌법재판소 재판관은 정당에 가입하거나 정치에 관여할 수 없다.

③ 헌법재판소 재판관은 탄핵 또는 금고 이상의 형의 선고에 의하지 아니하고는 파면되지 아니한다.

> 제112조 : (개구리―거위―재판관의 임기, 정치관여 금지, 신분보장―개구리와 거위는 사이가 좋다(임기))
> ① 임기―6년, 연임 가능
> ② 재판관 정치관여 금지
> ③ 탄핵 또는 국고 이상 선고 (X)―파면 불가

[위헌결정 등의 절차, 헌법재판소의 조직과 운영]

제113조 ① 헌법재판소에서 법률의 위헌결정, 탄핵의 결정, 정당해산의 결정 또는 헌법소원에 관한 인용결정을 할 때에는 재판관 6인 이상의 찬성이 있어야 한다.

② 헌법재판소는 법률에 저촉되지 아니하는 범위 안에서 심판에 관한 절차, 내부규율과 사무처리에 관한 규칙을 제정할 수 있다.

③ 헌법재판소의 조직과 운영 기타 필요한 사항은 법률로 정한다.

> 제113조 : (개구리―독수리―위헌결정 등의 절차, 조직, 운영―독수리는 개구리를 심판한다)
> ① 6인 이상 찬성
> ② 절차, 내부규율, 사무처리, 규칙제정
> ③ 조직, 운영, 필요한 사항―법률로 정한다

제7장 선거관리

[선거관리위원회]

제114조 ① 선거와 국민투표의 공정한 관리 및 정당에 관한 사무를 처리하기 위하여 선거관리위원회를 둔다.

② 중앙선거관리위원회는 대통령이 임명하는 3인, 국회에서 선출하는 3인과 대법원장이 지명하는 3인의 위원으로 구성한다. 위원장은 위원 중에서 호선한다.

③ 위원의 임기는 6년으로 한다.

④ 위원은 정당에 가입하거나 정치에 관여할 수 없다.

⑤ 위원은 탄핵 또는 금고 이상의 형의 선고에 의하지 아니하고는 파면되지 아니한다.

⑥ 중앙선거관리위원회는 법령의 범위 안에서 선거관리·국민투표관리 또는 정당사무에 관한 규칙을 제정할 수 있으며, 법률에 저촉되지 아니하는 범위 안에서 내부규율에 관한 규칙을 제정할 수 있다.

⑦ 각급 선거관리위원회의 조직·직무범위 기타 필요한 사항은 법률로 정한다.

> 제114조 : (개구리-배-선거관리위원회-개구리가 배 위에서 투표용지를 물고 다닌다)
> ① 선거, 국민투표관리, 정당에 관한 사무-선거관리위원회
> ② 중앙선관위-대통령 임명 3인, 국회선출 3인, 대법원장 지명 3인, 위원장은 호선
> ③ 임기 6년
> ④ 위원 정치관여 금지
> ⑤ 탄핵-금고 이상 아니면-파면 불가
> ⑥ 규칙제정
> ⑦ 각급선관위 조직, 직무범위 필요사항-법률로 정한다

〔선거관리위원회의 권한〕

제 115 조 ① 각급 선거관리위원회는 선거인명부의 작성 등 선거사무와 국민투표사무에 관하여 관계 행정기관에 필요한 지시를 할 수 있다.

② 제1항의 지시를 받은 당해 행정기관은 이에 응하여야 한다.

> 제 115 조 : (개구리-갈퀴-선거관리위원회의 권한-개구리가 갈퀴 위에 올라서 지시한다)
> ① 선거인명부 작성 등 선거사무와 국민투표 사무-행정기관에 지시
> ② 행정기관-이에 응해야 한다

〔선거운동·선거비용〕

제 116 조 ① 선거운동은 각급 선거관리위원회의 관리하에 법률이 정하는 범위 안에서 하되, 균등한 기회가 보장되어야 한다.

② 선거에 관한 경비는 법률이 정하는 경우를 제외하고는 정당 또는 후보자에게 부담시킬 수 없다.

> 제 116 조 : (개구리-코끼리-선거운동, 선거비용-개구리와 코끼리가 같은 웅덩이에서 물을 먹다)
> ① 선거운동-균등한 기회 보장
> ② 선거비용-정당, 후보자 (X)

제8장 지방자치

〔**지방자치단체의 자치권, 그 종류**〕

제 117 조 ① 지방자치단체는 주민의 복리에 관한 사무를 처리하고 재산을 관리하며, 법령의 범위 안에서 자치에 관한 규정을 제정할 수 있다.

② 지방자치단체의 종류는 법률로 정한다.

> 제 117 조 : (개구리-뜀틀-지방자치단체의 자치권, 그 종류-개구리가 뜀틀에서 자유롭게 놀다)
> ① 법령의 범위 안에서 자치에 관한 제정규정
> ② 지방자치단체의 종류-법률로 정한다

〔**지방의회의 조직과 운영**〕

제 118 조 ① 지방자치단체에 의회를 둔다.

② 지방의회의 조직·권한·의원선거와 지방자치단체의 장의 선임방법 기타 지방자치 단체의 조직과 운영에 관한 사항은 법률로 정한다.

> 제 118 조 : (개구리-땅콩-지방의회의 조직과 운영-개구리가 땅콩 밭에서 회의를 열다)
> ① 지방자치단체-의회를 둔다
> ② 지방자치단체의 조직과 운영에 관한 사항-법률로 정한다

제9장 경제

〔경제질서의 기본, 규제와 조정〕

제 119 조 ① 대한민국의 경제질서는 개인과 기업의 경제상의 자유와 창의를 존중함을 기본으로 한다.

② 국가는 균형있는 국민경제의 성장 및 안정과 적정한 소득의 분배를 유지하고, 시장의 지배와 경제력의 남용을 방지하며, 경제주체간의 조화를 통한 경제의 민주화를 위하여 경제에 관한 규제와 조정을 할 수 있다.

> 제 119 조 : (개구리-도끼-경제질서의 기본, 규제와 조정-경제민주화-개구리도 도끼도 조화롭게 살 수 있는 민주화)
> ① 경제질서-개인과 기업의 경제상의 자유와 창의를 존중-기본
> ② 경제의 민주화를 위해 경제에 대한 규제와 조정을 할 수 있다

〔자연자원 등의 채취·개발·이용의 특허〕

제 120 조 ① 광물 기타 중요한 지하자원·수산자원·수력과 경제상 이용할 수 있는 자연력은 법률이 정하는 바에 의하여 일정한 기간 그 채취·개발 또는 이용을 특허할 수 있다.

② 국토와 자원은 국가의 보호를 받으며, 국가는 그 균형 있는 개발과 이용을 위하여 필요한 계획을 수립한다.

> 제 120 조 : (개구리-공-자연자원 등의 채취, 개발, 이용의 특허-개구리가 공 굴리는 특허를 내다)
> ① 경제상 이용할 수 있는 자연력(광물, 수산자원, 수력 등)-일정기간, 그 채취, 개발, 이용을 특허
> ② 균형있는 개발과 이용을 위해 계획 수립

〔농지소작제도의 금지, 임대차 및 위탁경영〕

제 121 조 ① 국가는 농지에 관하여 경자유전의 원칙이 달성될 수 있도록 노력하여야 하며, 농지의 소작제도는 금지된다.

② 농업생산성의 제고와 농지의 합리적인 이용을 위하거나 불가피한 사정으로 발생하는 농지의 임대차와 위탁경영은 법률이 정하는 바에 의하여 인정된다.

> 제 121 조 : (개나리-막대기-농지소작제도 금지, 임대차 및 위탁영농-막대기에 개나리를 꽂아 화환을 만들다-경자유전)
> ① 경자유전의 원칙 달성 노력, 소작제도는 금지
> ② 농지임대차, 위탁경영을 인정

〔국토의 이용 등의 제한과 의무〕

제 122 조 국가는 국민 모두의 생산 및 생활의 기반이 되는 국토의 효율적이고 균형있는 이용·개발과 보전을 위하여 법률이 정하는 바에 의하여 그에 관한 필요한 제한과 의무를 과할 수 있다.

> 제 122 조 : (개나리-거위-국토이용 등의 제한과 의무-개나리 화환 중에서 거위가 잘라낼 수 있다)
> • 국가는 국토의 효율적, 균형적 이용, 개발, 보전을 위해 필요한 제한과 의무를 과할 수 있다

〔농·어촌 종합개발, 농·어촌의 이익 보호, 자조조직의 육성〕

제 123 조 ① 국가는 농업 및 어업을 보호·육성하기 위하여 농·어촌종합개발과 그 지

원 등 필요한 계획을 수립·시행하여야 한다.
② 국가는 지역간의 균형있는 발전을 위하여 지역경제를 육성할 의무를 진다.
③ 국가는 중소기업을 보호·육성하여야 한다.
④ 국가는 농수산물의 수급균형과 유통구조의 개선에 노력하여 가격안정을 도모함으로써 농·어민의 이익을 보호한다.
⑤ 국가는 농·어민과 중소기업의 자조조직을 육성하여야 하며, 그 자율적 활동과 발전을 보장한다.

> 제123조 : (개나리-독수리-농어촌 종합개발, 농어민 이익 보호, 자조조직의 육성-독수리가 농어촌으로 날아다니다-농어촌 종합개발)
> ① 농어촌 종합개발계획 수립 시행
> ② 지역경제 육성 의무
> ③ 중소기업 육성 의무
> ④ 수급균형, 유통구조개선 가격안정 도모
> ⑤ 농어촌과 중소기업의 자조조직 육성-자율적 활동과 발전 보장

〔소비자보호운동의 보장〕

제124조 국가는 건전한 소비행위를 계도하고 생산품의 품질향상을 촉구하기 위한 소비자보호운동을 법률이 정하는 바에 의하여 보장한다.

> 제124조 : (개나리-배-소비자보호운동의 보장-배에 개나리 화환을 싣고 팔러 나간다)

〔대외무역의 육성·규제·조정〕

제125조 국가는 대외무역을 육성하며, 이를 규제·조정할 수 있다.

> 제125조 : (개나리-갈퀴-대외무역의 육성, 규제, 조정-갈퀴에 개나리를 묶어 무역선을 타다)

〔사영기업의 국·공유화, 경영의 통제·관리〕

제126조 국방상 또는 국민경제상 긴절한 필요로 인하여 법률이 정하는 경우를 제외하고는, 사영기업을 국유 또는 공유로 이전하거나 그 경영을 통제 또는 관리 할 수 없다.

> 제126조 : (개나리-코끼리-사영기업의 국공유화 경영의 통제, 관리-개나리도 코끼리도 사유물이다, 국가가 가질 수 없다)
> • 국방상 국민경제상 긴절한 필요로 인하여 법률이 정하는 경우는 예외

〔과학기술의 혁신 및 인력의 개발과 표준제도의 확립〕

제127조 ① 국가는 과학기술의 혁신과 정보 및 인력의 개발을 통하여 국민경제의 발전에 노력하여야 한다.

② 국가는 국가표준제도를 확립한다.

③ 대통령은 제1항의 목적을 달성하기 위하여 필요한 자문기구를 둘 수 있다.

> 제127조 : (개나리-뜀틀-과학기술의 혁신 및 인재개발과 표준제도 확립-뜀틀에서 개나리로 표준 화환을 만들다)

> ① 과학기술혁신, 정보 및 인력개발, 국민경제 발전에 노력
> ② 국가표준제도 확립
> ③ 자문기구-대통령

제10장 헌법개정

〔헌법개정의 제안, 개정에 대한 효력〕

제128조 ① 헌법개정은 국회재적의원 과반수 또는 대통령의 발의로 제안된다.

② 대통령의 임기연장 또는 중임변경을 위한 헌법개정은 그 헌법개정 제안 당시의 대통령에 대하여는 효력이 없다.

> 제128조 : (개나리-땅콩-헌법개정의 제안, 개정에 대한 효력-땅콩 밭에 개나리가 피어 있다-생생한 권리)
> ① 헌법개정제안-국회재적위원과반수, 대통령의 발의로 제안
> ② 임기연장, 중임변경-제안 당시 대통령 (X)

〔헌법개정안의 공고〕

제129조 제안된 헌법개정안은 대통령이 20일 이상의 기간 이를 공고하여야 한다.

> 제129조 : (개나리-도끼-헌법개정안의 공고-도끼 위에 개나리가 있다-공고)

• 제안된 헌법개정안─대통령이 20일 이상의 기간 공고

〔헌법개정안의 의결, 국민투표, 공포〕

제 130 조 ① 국회는 헌법개정안이 공고된 날로부터 60일 이내에 의결하여야 하며, 국회의 의결은 재적의원 3분의 2 이상의 찬성을 얻어야 한다.

② 헌법개정안은 국회가 의결한 후 30일 이내에 국민투표에 붙여 국회의원선거권자 과반수의 투표와 투표자 과반수의 찬성을 얻어야 한다.

③ 헌법개정안이 제2항의 찬성을 얻은 때에는 헌법개정은 확정되며, 대통령은 즉시 이를 공포하여야 한다.

> 제 130 조 : (개나리─공─헌법개정안의 의결, 국민투표 공포─공 위에 개나리가 헌법개정을 축하해주다)
> ① 공고된 날로부터 60일 이내 의결, 재적의원 2/3 이상 찬성
> ② 국회의결 후 30일 이내 국민투표에 붙여 국회의원선거권자 과반수 투표와 투표자 과반수의 찬성
> ③ 제2항의 찬성을 얻으면 헌법개정은 확정되며 즉시 공고 (대통령)

※ 참고문헌

1. 오드비에른 뷔 저, 정윤미 역, 『기억력 천재의 비밀노트』, 지상사, 2008.
2. 라이프 엑스퍼트 저, 박광종 역, 『기억의 기술』, 기원전, 2009.
3. 조슈아 포어 저, 류현 역, 『아인슈타인과 문워킹을』, 이순, 2011.
4. 이승헌 저, 『뇌파진동』, 브레인월드, 2012.
5. 황선문, 양병선 저, 『필수영단어』, 예스북, 2010.

3차원 기억술

초판 1쇄 2013년 10월 10일
지은이 원용백
펴낸이 김영재
펴낸곳 책만드는집

주소 서울 마포구 합정동 428-49번지 4층 (121-887)
전화 3142-1585·6
팩스 336-8908
전자우편 chaekjip@naver.com
출판등록 1994년 1월 13일 제10-927호
ⓒ 원용백, 2013

* 이 책은 저작권법에 의하여 보호를 받는 저작물이므로 무단 전재 및 복제를 금합니다.
* 잘못 만들어진 책은 구입하신 서점에서 교환해드립니다.

ISBN 978-89-7944-447-6 (03370)